緑風出版

目次

隠された人災——火災死急増とバス事故の真実

第1部　隠された青酸ガス中毒

第2部　隠されたバス事故原因

第1部

隠された青酸ガス中毒

第1章

京アニ放火事件

▼「こんなにたくさんの人が亡くなるとは思っていなかった」

「こんなにたくさんの人が亡くなると思っていなかった。現在ではやりすぎだったと思っている」。京都アニメーション放火事件の初公判が二〇二三年九月五日に京都地裁であった。ガソリンをまいて放火した青葉真司被告は、裁判長から問われ、小さな声でこう答えた。三六人もの死者数は戦後最悪の殺人事件とされる。

火災で逃げ遅れて亡くなる例が多い。昔よりも建物の耐火性能や防火性能が向上しているのに、なぜ逃げ遅れる犠牲者が増えるのか。しかも、京アニ放火事件を含め、犠牲者の死因が「焼死」とされる例が増加しているのだ。

電気製品やカーペット、ソファー、アクリル繊維のカーテンなど、窒素を含む合成化学物質の製品から、猛毒の「青酸ガス」が大量に出る。(第1部注) ただし、アクリル繊維やナイロンと並ぶ「三大合成繊維」のひとつ、ポリエステルは窒素を含まないので、燃えても青酸ガスは出ない。この青酸ガスが「焼死」に関与していることは隠され、実態

京アニ放火事件では、犠牲者は一酸化炭素中毒死 28 人と発表され、司法解剖で 4 人に激減した。

を知る人はほとんどいないだろう。

建物火災や車両火災は密閉空間のため、猛烈に煙が出る。煙には青酸ガスなど有毒ガスが含まれ、これを吸い込んで意識を失って亡くなる例がほとんどだ。法医学では、「焼死」は一酸化炭素中毒（CO中毒）死以外の「有毒ガス」による有害作用による死とされている。死因は有毒ガスの吸入過多なのに、「焼死」という言葉面から、「炎で焼かれて死んだんだろう」と誤解する人が多い。

どのようにして、この「焼死」と

言う死因が使われるようになるのか。その一例が「京都アニ放火事件」だろう。二〇一九年七月一八日、京都市伏見区のアニメ制作会社「京都アニメーション」のスタジオが炎上した。事件後まもなく、新聞やテレビは、警察の説明をもとに、遺体で見つかった三三人のうち二八人が「一酸化炭素中毒の疑いで死亡した可能性が高い」と報じた。当時の新聞記事（『朝日新聞』二〇一九年七月二〇日付朝刊）でも、「三三人のうち五人は遺体の損傷が激しく、府警は一九日、死因を調べるため司法解剖を実施」したとある。注目すべきなのはその後の記載だ。「残る二八人は遺体の状況などから、煙を吸い込んだことなどによるCO中毒が死因と見られている」とある。

ところが、このCO中毒死の報道は五日後に取り消された。同二五日夕刊によると、一酸化炭素中毒死は四人と激減し、主要な死因とされたのが「焼死」だ。記事をそのまま引用しよう。「京都府警は二五日、亡くなった三四人全員の身元を特定した、と明らかにした。男性一三人、女性二一人で、いずれも京都アニメーション従業員の二〇～六〇代」「死因について、検視の段階では、三四人のうち二八人が一酸化炭素中毒とみられると判断していた。その後、司法解剖を進めた結果、焼死二六人、一酸化炭素中毒四人、窒息二人、全身やけど一人、不詳一人となっている」とある。この「焼死」の報道が出てから、ネット上では、「むごすぎる、炎に焼かれて死んだのか」などの意見が見られるようになった。

▼検視の盲点

この食い違いはなぜ起きたのか。記事では、「府警は死因について、遺体の状況を目視で調べる検視の段階では、二五人が一酸化炭素中毒とみられると判断」したとあいまいで、判断ミスが起きた原因に一切触れていない。だが、真実は、「一酸化炭素中毒と青酸ガス中毒を見誤った」からだろう。

「検死」は警察の検視官が担当する。遺体の表面的な調査を行うだけで、血液分析や解剖はしない。火災による急性一酸化炭素中毒死の場合、遺体の死斑（遺体の皮膚に現れる斑点）は鮮紅色（鮮やかなピンク色）になる。赤血球のヘモグロビンと一酸化炭素が結合するからだ。通常の死斑は暗赤紫色を示すので、火災現場で遺体の死斑が鮮紅色なら、一酸化炭素中毒と推定できる。ところが、死因推定の有力な手掛かりとされたこの判定法が、今や、根底から崩れてきた。青酸ガス中毒による死亡でも、遺体の死斑が鮮紅色になるからだ。青酸ガスがヘモグロビンの鉄分と結合するためだ。ただし、遺体の内臓は暗赤色になるとされるが、警察の検視では解剖を行わないため、一酸化炭素中毒との誤認は気づかないままに済まされることが多い。

昔の住宅火災は、不完全燃焼によって一酸化炭素が発生しても、青酸ガスは発生しなかった。だが、一九六〇年代から、ビルや住宅に化学樹脂製の建材や家具、カーペットや衣料など、窒素を含む合成有機化合物の製品が増えてきたため、青酸ガス（シアン化水素）の大量発生が起きるようになった。

▼青酸ガスによる急性中毒

京アニの現場でも、青酸ガスによる急性中毒としか説明できない異常な事態が起きていた。最も死者が多かったのは、火元の一階から最も離れた三階の社員たちだ。このフロアには二七人がいたとされ、このうち二〇人が死亡した。

三階から屋上に通じる階段（十数段）で、折り重なりように倒れた状態で、発見された。三階と踊り場の間の階段で一人が倒れ、踊り場から上の階段で一四人が折り重なって倒れていた。さらに、屋上に出る扉の手前で五人が発見され、このうち一人は倒れずに身をかがめた状態で発見された。屋上に出る扉のカギがかかっておらず、内側から開けることができた。実は、「屋上に逃げろ‼」という社員の声を聞いた人もいたと報じられている。だからこそ、多くの人が一斉に、鍵のかかっていない屋上を目指したのだろう。脱出できる直前まで来ていた人たちは、なぜ、屋上に出ることができなかったのだろうか。

この謎は、青酸ガスの吸入が原因なら、過去の多くの犠牲者たちの調査結果から解ける。青酸ガスは一酸化炭素よりも軽いので、密閉空間の上部にたまりやすい。屋上への階段は幅一・二m、高さ三mで、途中に踊り場があった。この空間にたまった青酸ガスを吸い込めば、たちまち行動不能になるのは必至だ。

なお、三階にいて、死亡した二〇人のように屋上に避難しようとしたが、遅れたために煙にまかれ、断念した人がいた。この人は、少しでも新鮮な空気を吸おうと床にしゃがんだ際、西側の窓からうっすらと差す光を発見し、窓を開けて身を乗り出した。外壁沿いの出っ張りを見つけ、壁にへばりついた。近くにいた人の誘導と、住民がかけた梯子を上ってきた作業員によって救助された。また、二階の犠牲者一一人は、ベランダに出られる四つの窓のうち一つの窓のすぐそばで集中して倒れていた。この窓からベランダに出た人は二人だけで、うち一人は窓の隙間から呼吸していたところ、火事の熱で窓が割れてかろうじてベランダに出たという。このことは、市消防局の説明として、地元の『京都新聞』が翌二〇二〇年四月二二日の記事で紹介している。そして、二階と三階の多くの犠牲者が脱出寸前の状況だったと同新聞は指摘している。

前述したように、京都府警はこうした犠牲者たちの死因として、当初は一酸化炭素中毒と発表した。しかし、その後の司法解剖などから、死因を大幅に変え、大半は「焼死」と発表した。三階の犠牲者二〇人は、一酸化炭素中毒が五人、「焼死」が一二人、窒息が三人とされた。二階の犠牲者一一人は、一酸化炭素中毒が〇人で、「焼死」

が八人、窒息が二人、不明一人と変更された。

▼情報公開請求を拒否する京都府警

なぜ、死因が当初の発表と大きく変わったのか。京都府警に対して情報公開請求を行ったが、捜査上の秘密だとして公開を拒否する回答だった。せめて犠牲者たちの一酸化炭素の血中濃度がどうだったか、改めて請求したが、またも拒否された。青酸ガスの血中濃度の測定の有無についても問い合わせたが、当初は拒否された。何度もやり取りを重ねるうちに、「(濃度測定を) 必要であればやるが、通常はやらない」と渋々認めた。京都市消防局にも情報公開を請求した。犠牲者の血液中の一酸化炭素濃度について、警察から消防への回答文書のみが黒塗りで送られてきた。検査欄の項目に一酸化炭素の文字しかないことから、青酸ガスの測定をしていないことが裏付けられた。犠牲者の司法解剖を担当した京都府立医科大の法医学教室に対しても、「死因は焼死」と判断した根拠や青酸中毒の有無について問い合わせたが、なしのつぶてだった。

犠牲者の多くが青酸ガス中毒死とすれば、最大の謎は青酸ガスの発生源だ。

当時の建物内部の様子がネットで紹介されていた。白い事務机やイスが部屋中に並び、アニメ制作用の材料などもみられた。これらは青酸ガスの発生源となるものが多い。たとえば、机のなめらかな天板はメラミン樹脂の場合がほとんどだ。メラミンは窒素分を多量に含むので、燃えると大量の青酸ガスを出す。床や壁の合板もウレタン塗料や窒素含有の接着剤を含み、青酸ガスの発生源となる。

事件当時、建物内で七〇人が勤務し、半分を超える三六人が最終的に亡くなった。青葉被告さえ驚くほど、なぜ、多くの犠牲者たちが屋上や窓から脱出直前に倒れなければならなかったのか。数回吸い込むだけで行動不能となる猛毒ガスの発生の真実が隠されると、これからも犠牲者が絶えることはないだろう。

第2章

多摩ビル火災の全犠牲者に青酸ガス

▼死因の真相が隠されてきた「からくり」

断熱建材やマットレスなどの発泡ウレタンが燃えると青酸ガスの煙が発生する。ビルや住宅の火災で逃げ遅れた人は「焼死」と発表されることが多い。実際は煙を吸った青酸ガス中毒だろう。青酸ガスを吸うと行動不能となるからだ。

死因の真相が隠されてきた「からくり」を暴くため、実例を紹介したい。

二〇一八年七月二六日午後二時前、東京都多摩市唐木田一丁目の建設中の大型オフィスビルで火災が起きた。五人が逃げ遅れて犠牲となり、三七人が気道のやけどなどの重軽傷を負ったほか、多くの作業員が呼吸困難を訴えた。

火災の原因は、ビルの地下三階で、下請け業者が、床下までつながった鉄骨杭を切断しようと、床の隙間からアセチレンガス切断機を差し込んだためだ。床下（免震階）の天井には、発泡ウレタン（断熱用）が一面に吹き付けられていた。切断機の高温の炎でウレタンが着火し、免震階の全体に燃え広がった。

このビル火災はテレビや新聞で大きく報じられた。ウレタンが燃えて発生した黄色の煙や黒煙が、建物の各階から猛烈に噴き出した。

三〇〇人を超す作業員が作業中で大混乱となった。当時の記事（『朝日新聞』二〇一八年七月二七日）を引用すると。

――「ウレタン、ウレタン！」「火事だ」と叫び声が上がった。出火元の地下三階で、電気工事をしていた男性は、叫び声を聞き、とっさに上の階に続く階段を探した。（中略）下の階で空調設備工事をしていた男性も、火災の知らせを聞いた直後に黒煙に飲み込まれた。逃げる途中、地下三階で黄色の煙を見た。「あれを吸ったら死ぬかも」と思ったという。ガスボンベが破裂するような音を何度か聞いた。「とにかく外に出ようと信じて動いた」という。

何が起きたのか。ウレタンが燃えると、すぐに青酸ガスが発生するわけではない。ウレタンはセ氏二〇〇度程度に熱せられると簡単に分解し、黄色のガス（イソシアネートやアルコール）に変わる。これが、作業員たちが見た「黄色の煙」の正体だ。さらに熱せられると、このガスは爆発的に燃えて青酸ガスや一酸化炭素となる。火災現場では、こうした変化が連続的に起こっている。

火災が起きた当時、新聞などは、犠牲者五人の死因について、一酸化炭素中毒との警察の見方を報じていた。「ウレタンが燃えれば青酸ガスも出たはず」と疑ったが、裏付けとなる記事やデータを探しても、見つからなかった。

▼鑑定書に書かれていたこと

多くの犠牲者が出た火災では、出火責任を問う捜査が行われる。犠牲者の死因を明らかにする司法解剖も行われる。その際、犠牲者から採取した血液の分析も行われる。血中のヘモグロビンと結合した一酸化炭素（ＣＯＨｂ）の割合（％）が六〇％を超えていれば、一酸化炭素中毒死と判定される。だが、この値が大幅に低かったら、他の有毒ガスが死因に関係していると見るのが、法医学の常識だ。

この火災の捜査では、三〇〇人を超す作業員や会社関係者らの事情聴取が行われ、膨大な調書が作られた。最終的に、下請け業者ら二人が業務上過失致死傷と業務上失火の罪で起訴され、東京地裁立川支部で裁判が行われた。

この裁判記録を見れば、ウレタン火災の実態が分かるはずと考えた。刑事や民事の裁判記録は、関係者以外の一般人でも閲覧を申請できる制度がある。ただ、判決が確定するまで申請を待たなければならない。

今回のように、断熱材のウレタンが燃えて死傷者が出る火災は、数十年も前から全国各地で繰り返されてきた。死因は一酸化炭素中毒と片づけられ、死因に疑問を持って調べた例はなかった。火災の詳細な捜査が行われた今回の裁判記録を閲覧すれば、どのように火災が発生したのか、青酸ガスの関与の有無が分かるかもしれないと考えた。裁判の確定をひたすら待った。

火災から三年半後の二〇二一年一二月一六日、東京地裁立川支部で、被告二人に執行猶予付きの判決が出た。二人は控訴せず、同月三〇日に判決が確定した。

裁判記録は担当の検察庁で保管されるので、東京地検立川支部に閲覧の申請をした。閲覧目的などで何度もやり取りした。一回目の閲覧は二〇二二年七月二六日と決まり、支部の別室に行くと裁判記録の書類が積み上げられていた。

書類の中から、犠牲者五人の司法解剖の鑑定書を見つけた時、興奮した。司法解剖は都内の私立医科大の法医学教室で行われていた。鑑定書は各犠牲者について、気管などの解剖所見、死因、死後経過時間などを詳しく記していた。

果たして青酸ガスの関与を裏付けるデータがあるのか。各鑑定書のページを繰っていくと、血液の一酸化炭素濃度（ＣＯＨｂ）は五人とも三〇％未満だった。濃度は、五二歳男性が一八・七％、五一歳男性が一四・六％、四四歳男性が二八・五％、四九歳男性が一六・五％、火元の免震階で倒れていた年齢不詳の男性はわずか六・三％。五人全員が一酸化炭素中毒でないことは明らかだ。鑑定書も「ＣＯＨｂ濃度は有意に上昇しているが、一酸化炭素中毒のみで死因となる程度ではない」と明記していた。

では、何が死因となったのか。鑑定書を読み進むと、解剖医たちは青酸ガスの関与を疑い、青酸の有無を調べる検査（ピリジン・ピラゾロン法）で、犠牲者の血液や胃内容物を調べていた。五人とも血液の青酸が陽性で、最高値は五一歳男性の血液一㎖あたり一・一㎍（胃内容物は一㎖あたり〇・〇一㎍）だった。最小値は四四歳男性の血液一㎖当たり〇・〇二㎍だった。

血液や胃内容物の青酸について、鑑定書は「火災により発生した青酸を含む有毒ガスの吸引によるものと推定される」と記し、「一般に火災現場では、石油化学製品が燃焼すると一酸化炭素とシアン化水素（青酸ガス）が発生すると言われている」とも記していた。つまり、解剖を行う法医学の専門家の間では、火災で青酸ガスが発生することは周知の事実なのだ。

問題は、五人の血中の青酸濃度が中毒死の原因になる程度かどうかだ。青酸ガス中毒死の目安は三μg／mℓ以上とされ、この目安よりも五人の青酸濃度は明らかに低い。五人の死因はすべて、他の要因も加わっているとして、総合的な「焼死」と判定されていた。この「焼死」は、一酸化炭素中毒死や火傷死以外の死因、つまり青酸ガスなどが死因である場合を隠ぺいする常套文句だ。

▼早い青酸ガスの半減期

しかし、今回の解剖医ら、多くの法医専門家が軽視している事実がある。「青酸ガスは血液に吸収されると容易に代謝・分解し、一昼夜も過ぎるとほとんど消失する」現象だ。内外の専門誌で紹介された研究によると、血液中の青酸の「半減期」は一〜数時間程度とされる。つまり、数時間が経過するごとに濃度が半分に減る計算だ。わずか四時間で一〇分の一に激減した例もある。死後一日（二四時間）後に解剖・検査した場合、たとえば半減期が六時間としたら、計算上では、血中濃度は二分の一の四乗、一六分の一に激減することになる。

閲覧した各鑑定書には解剖開始時刻が記されている。五一歳男性の場合は、火災翌日の二七日午後三時開始で、火災から一日余り過ぎていた。前述の半減期を考慮すると、死亡時の青酸ガス濃度は実測値一・一μgの一六倍、一八μgとなる。青酸ガス中毒死の目安を大幅に上回っている。また、最小値だった四四歳男性の場合も、解剖は二八日午前九時開始で、火災から一日半以上過ぎていた。死亡時の青酸ガス濃度は、半減期が六時間とすれば、実測値〇・〇二μgの六四倍、一・三μgと推定できる。少なくとも青酸ガス中毒を起こして動けなくなる程度だったことになる。

焼死体の解剖や血液分析は死後数時間から数日後に行われる。この遅れこそが、青酸ガス中毒の過小評価と誤った死因判定を生んでいるのではないか。

解剖開始までの減少分を見込むと、五人はいずれも、青酸ガスで中毒死したか中毒で意識不明になったと推定される。青酸ガスは数回、吸い込むだけで意識不明になり、数分で死亡するとされる。致死的なガス濃度でなくても、青酸ガスを含む煙を吸えば、すぐに動けなくなる。痙攣や意識不明で倒れたままだと、青酸ガスに加えて一酸化炭素などの他の有毒ガスも吸い続けるので、死亡は避けられない。

肝心の青酸ガスはどのくらい発生したのか。オフィスビル（地上三階、地下三階、免震階）全体が猛煙に包まれており、最上階の三階でも二人が死亡した。青酸ガスは空気や一酸化炭素よりも軽いため、最上階にまで広がったようだ。

▼危険な発泡ウレタン

燃えたウレタンの量も、消防がまとめた「出火原因判定書」（二〇二〇年二月四日作成）から推定できる。火元の免震階の天井（五一八八㎡）には、発泡ウレタンが一・

二～一・五cmの厚さで吹付けられていた。重さにして二〇〇〇kg前後と推定される。ウレタンが燃えると、一kg当たり一〇ℓほどの青酸ガスが発生するとのデータを基に計算すれば、二万ℓ（二〇㎥）前後の青酸ガスが免震階で発生したことになる。各階の中央には、工事用タワークレーンの大きな竪穴が最上階まで貫いていた。この穴が煙の通路となり、大量の青酸ガスや一酸化炭素を含む猛烈な煙が各階に広がったため、火元以外の階でも犠牲者が出たようだ。

出火当時、三三二人の作業員がいた。免震階に二四人、真上の地下三階に七八人など、各階に数十人いたが、犠牲者は少なくて済んだ。「火事だ、逃げろ」「頑張れ、出口はこっちだ」などと声を掛け合ったといい、全員の事情聴取でも確認された。閲覧できた「作業員聴取結果一覧表」は生々しい証言であふれていた。地下の階ではすぐに照明電源が消え、暗闇となった。煙の中を手探りで出口を探した。スマホの明かりを頼りに避難した人も。地上階も、猛煙で一m先も見えず、「うつぶせで待機していたら、風が吹いて出口が見え」避難できた人もいた。

免震階の天井でウレタンが激しく燃え広がる様子を目撃した作業員もいた。「火が津波のように押し寄せ、人が走るよりも速かった」と証言していた。

天井の発泡ウレタンが燃えやすいことは、出火原因判定書でも、「アセチレンガス切断機の火炎は約三〇〇〇度で、発泡ウレタンは比較的容易に着火する」と指摘している。難燃性の防火建材として広く使われる発泡ウレタンだが、いったん火が着くと激しく燃え広がる欠点を、今回のビル火災が明らかにした。

第3章

奇妙な住宅火災

▼カーペット一平方メートル燃えて焼死

住宅火災で逃げ遅れ、「焼死」や「一酸化炭素中毒」が死因とされても、家具や寝具が燃えて発生した青酸ガスが原因であることに人々は気づいていない。

奇妙な火災が各地で起きている。ボヤ程度なのに逃げ出す様子もなく死亡する。「カーペット一平方メートル燃えて焼死」と報じられた火災を紹介する。

二〇二二年一月七日午後四時二〇分頃、石川県津幡町の木造二階建て住宅から出火し、一階の居間の一部を燃やし、三〇分後に消し止められた。男性（八〇）が心肺停止で倒れているのが見つかり、病院に搬送されたが、死亡が確認された。

警察署によると、焼けたのは電気カーペットで、焼失面積はこの約一㎡だけ。電気カーペットの不具合が出火原因とみているという。

男性の遺体はきれいで、火傷などの跡もなく、当初は一酸化炭素中毒死とみられていたが、司法解剖の結果、「焼死」と発表された。つまり、血中の一酸化炭素濃度は死亡するほどでなく、他の有毒ガスだったというわけだ。有毒ガスはどこから発生したのか、激しく燃えていた電気カーペットしかありえない。電気カーペットの素材はアクリル繊維が多い。この火災と同様、電気カーペットが燃えて発生した青酸ガスを吸い込み、致死濃度に達した事例が報告されている。

この火災は東京都内で起き、東京消防庁の専門家が火災専門誌で報告している。二〇歳男性が寝たばこの火災で死亡し、死因は一酸化炭素中毒とされた。ところが、血中の青酸濃度が致死量に達していたため、青酸ガスの発生源を探した。布団の下に敷いた電気カーペット（アクリル繊維製）が全焼していた。

アクリル繊維は青酸ガスを多量に発生する化学繊維で、この物質（アクリロニトリル）を熱すると、青酸ガスが分離して発生する。セ氏三〇〇度程度の低温でも発生するから、火が見えず、くすぶる程度のボヤ火災でも致死濃度となる。なぜ、こんな低温でも発生するのか。分子には青酸ガス（ＨＣＮ）と同じ構造の部分が組み込まれており、加熱されると簡単に離脱するのだ。

この石川県津幡町のボヤのように、遺体はきれいなのに、逃げ切れずに亡くなる例は各地で起きている。二〇一九年三月二日昼前、新潟県三条市南四日町の住宅で火事があり、一人暮らしの住民（六六）が死亡した。二階の寝室の布団と畳約一・九㎡を焦がしただけで、布団のわきで住民がうつぶせで倒れていた。

警察署は死因を「焼死」と発表したが、青酸ガスの有無は調べておらず、布団の素材も化学繊維かどうか分からず、正確に言えば、真の死因は不明だ。そもそも、「焼死」は、一酸化炭素中毒死や火傷死でない死因に使われる警察・法医学の用語だ。一般には知らされていないので、多くの人は、言葉の感じから、文字通り焼け死んだと誤解している。

二〇二二年一一月一一日に起きた、元プロ野球選手の村田兆治さん（当時七四）の火災死も不可解だ。出火は二階の居間で、村田さんは、居間に隣接した小部屋で発見された。小部屋は燃えておらず、消防隊員が到着した時、普段着の村田さんは心肺停止状態で、おしりを部屋の床につけて座っていた。救急搬送される姿を目撃した近所の人は「やけどはなく、きれいな状態だった」と話していた。

出火原因は不明で、死因は一酸化炭素中毒の疑いと当初、報道された。「地元警察が司法解剖する」とも伝えられたが、結果は不明のままだ。

全焼した住宅火災でも、犠牲者の「焼死」が目立つ。茨城県行方市で二〇二三年一月二四日午前五時ごろ、二階建て住宅の二階部分が全焼した。二階の居間兼寝室で母子四人の遺体が見つかった。小学生二人と保育園児、母親だった。

就寝中に一酸化炭素中毒になった可能性と報道されたが、後日、司法解剖の結果、焼死と改められた。四人は居間のソファで寝ていたが、避難した形跡はなかった。ソファのクッションが燃えて青酸ガス中毒になったのかもしれない。

▼最近の火災は、火よりも煙の方が怖い

昔は、火事と言えば、火傷で亡くなる人が多かった。江戸時代から明治大正昭和と時代が移っても、死因の多くは「火傷」だった。ところが、一九六〇年代の高度成長を迎えた頃から火災の様相が様変わりした。黒や褐色といった煙が猛烈に噴き出すようになり、一寸先も見えず、煙に巻かれて逃げ遅れる例が増えた。

最近の火災は、火よりも煙の方が怖い。欧米なども同じ傾向で、「煙死」と言う言葉が生まれたほどで、主な死因とされる。隙間風が当たり前だった昔と違い、国内の最近の家は密閉構造となった。室内で火災が起きると空気の供給が悪いため、部屋の家具や寝具などの可燃物はくすぶりやすい。窓ガラスが割れるなどして戸外から空気が入ると、たちまち炎を上げて燃え始め、大量の煙が出る。しかも、最近の新建材やプラスチック製品が燃えると、従来の木材の一〇～二〇倍も多くの煙が発生するといわれている。

火傷が火災の死因から減ったのは、大量の煙や有毒ガスが発生するからだ。建物の建材や家具などの材料として、石油が原料の合成化学物質が大量に使われる上、建物の密閉構造化が進んで不完全燃焼が起きやすくなった。このため、猛毒の青酸ガスや一酸化炭素などの有毒ガスが発生し、建物内に滞留しがちになった。

最近、死因をめぐって奇妙な変化が起きている。消防庁の火災統計によると、かつては一酸化炭素中毒による死者の比率は増える一方だったのに、一九七〇年を境に、一酸化炭素中毒死の比率が下がり始めた。一酸化炭素以外の有毒ガスで死亡し、死因は「焼死」と処理される例が増えているからではないか。さらに、一酸化炭素中毒とされた死者でも、その血液濃度が異常に低くなっているのだ。

火災の一酸化炭素を吸い込むと、死体の血液中に一酸化炭素ヘモグロビン（COHb）が生じる。酸素を全身に運ぶ赤血球のヘモグロビンに一酸化炭素が結合し、酸素運搬を妨げる。だから、この一酸化炭素ヘモグロビンがヘモグロビン全体のどのくらいを占めるのか、その割合「飽和度」（一酸化炭素濃度）を測定すれば、犠牲者の一酸化炭素中毒の程度が分かる。

この飽和度が五〇％以上だと、中毒死を含む重篤な症状を引き起こすとされてきた。ところが、焼死体のこの飽和度が年々、減少している。法医学関係の専門誌によると、一九六四年の法医学会の調査では、血液中の飽和度が五〇％以上の焼死体は一六七例中八九例で、飽和度の平均値は五三％だった。ところが、一九八四～八六年ではこの平均値が四八％に減少した。その後も、飽和度五〇％以上の焼死者の割合は減り続け、一九九二年には飽和度の平均値は四二％にまで下がった。

この飽和度の低下について、杏林大法医学教室の藤原聞天医師は、一九九六年の論文の中で、「火災の際に発生するシアン化水素（青酸ガス）の増加が影響した」と説明している。住宅建材や家具、衣類などの日用品に合成化学物質が使われ、火災の際に発生する青酸ガスが増加しているという。同医師は法医学教室で焼死者を調べており、飽和度が低い例やほとんど検出されない例を経験したという。

警察では、火災の死因分類で、この飽和度（一酸化炭素濃度）が六〇％以上の死者は、煙を相当量吸って死亡した「CO中毒死」と判断し、煙を吸入せずにやけどで死亡した「火傷死」と区別してきた。中間の濃度（六〇～一〇％）の死者は、CO中毒死と火傷死のどちらとも決められないとして「焼死」としている。

要するに、日本では、火災の死因として青酸ガス中毒死は考慮してこなかった。警察と医師は、遺体の血液を採取しても、分析が容易な血中の一酸化炭素濃度を測定するだけで、青酸ガスの測定は行わずに無視してきた。だから、遺体の一酸化炭素の血中濃度が五〇％を下回る結果が出ても、強引に死因と決めつけているのだろう。

もし青酸ガスの測定も行っていれば、第2章の「多摩ビル火災の全犠牲者に青酸ガス」でも紹介したように、正しく死因を判定できたはずだ。少なくとも、両方のガスの影響を考慮した「焼死」か、または「青酸中毒死」の可能性が高い。

青酸ガスは一酸化炭素よりはるかに猛毒だ。「脱出限界濃度」（IDLH）をご存じだろうか。労働現場の安全を守るために米国の国立職業安全衛生研究所などが定めた。作業現場で事故が起きた場合、体重七〇キロの人が呼吸器保護具を使わなくても、三〇分以内に作業現場から自力脱出できる有毒ガスの濃度だ。

四〇〇種類近い化学物質の濃度が定められている。一酸化炭素の脱出限界濃度（ppm）は一二〇〇ppm、シアン化水素（青酸ガス）は同五〇ppmだから、青酸ガスは一酸化炭素より二四倍薄くても毒性が強い。なぜ、警察は青酸ガスの影響を無視し続けるのか、こんな理不尽がまかりとおってきた背景などを別稿で紹介したい。

第4章

青酸ガス解毒剤

▼青酸ガス解毒剤を用意する欧米

ウレタン火災で青酸ガスが発生することは、世界の消防関係者の常識だ。大量のウレタンが燃えると、高濃度の青酸ガスが噴出する。そんな事態を想定し、消防関係者や救急医療の関係者らは、青酸ガスの解毒剤を準備している。

二〇一七年六月一四日未明、英国・ロンドンで二四階建て高層住宅「グレンフェルタワー」で、外壁の断熱材（ウレタン変性イソシアヌレート）が燃え広がった。死者七二人は英国で第二次大戦以来、最悪の火災となった。救助された人たちには青酸ガス中毒の解毒剤が投与されたと、ニュースで伝えられた。

投与された新解毒剤「ヒドロキソコバラミン」は、青酸中毒の特効薬だ。青酸ガス（シアン化水素、ＨＣＮ）は吸い込むと、体内でシアンイオンとなる。脳や心臓などの細胞に入ると細胞自体を窒息死させてしまう。一酸化炭素（ＣＯ）よりもはるかに猛毒で、ＣＯの二五分の一足らずの濃度でも死を招く。たとえごく微量でも吸い込むと、低酸素脳症で脳細胞が破壊される。第二次大戦中、ナチスドイツによってアウシュビッツ収容所のガス室などで大量殺人に使われた。

青酸ガスを吸ったら、早急に解毒剤を投与する必要がある。欧米では、青酸ガス発生が見込まれる火災で、救出された人たちに直ちに投与されている。上述のロンドン火災でもこの解毒剤が使われていた。

グレンフェルタワー（高さ六八ｍ）はマンション型公営住宅で、一二〇世帯が入居していた。出火は五階の部屋だった。消防隊の消火活動にもかかわらず、火はたちまち、外壁の全面を覆った断熱材（外断熱用）に着火し、下層階から上層階へと延焼した。はしご車の放水が届かない高さまで燃え広がったため、住民は部屋に取り残されるなどし、死者・行方不明者は七〇人を超えた。

▼解毒剤投与で助かる

救出された生存者は、ロンドン市内のいくつかの病院に搬送された。ＢＢＣ放送の

意識不明のまま、解毒剤の投与で救命されたルアナ・ゴメスさん（右端）。

番組「ニュースサイト」がスクープとして報じたところによると、キングスカレッジ病院でも一二人の患者を受け入れ、うち三人が解毒剤の投与を受けた。一二歳の少女（ルアナ・ゴメスさん）も六日間、昏睡状態にあった。退院記録には、「煙による負傷」「青酸化合物中毒」とあった。病院に到着した時の状態について、「鼻孔に煤が付いており、（血液中の）一酸化炭素濃度が二〇％だった」と記されていた。ルアナさんは、青酸中毒の治療のため、解毒剤「ヒドロキソコバラミン」を投与された。一緒に病院に搬送された母と妹も投与されていた。

ルアナさん一家は二二階に住んでいた。父親がＢＢＣの取材に、脱出までの様子を明かした。「寝室に炎が達し始めた午前四時ごろ、家族を連れて脱出する決心をした」。高層階の住民は部屋で救出を待つように指示されたが、いつまで待っても救助が来なかったからだ。「煙が充満する階段を手探りしながら、息も絶え絶えに下りる途中、何人かの遺体をまたがなければならなかった」。グレンフェルタワーの外壁に張られた発泡断熱材は、アルミニウムで挟んだサンドイッチ構造だった。だが、出火からわずか一五分で建物全体に火が回ったという。ウレタン系の断熱材は窒素を含むので、燃えると青酸ガスと一酸化炭素を生じる。各部屋のソファやベッドなどの家具も、素材のウレタンが燃えるなどして青酸ガスを生じたと見られている。住民らは、部屋の内外から青酸ガスと一酸化炭素を含んだ猛煙に襲われ、多くの犠牲者が出たとされる。

▼フランスでは救命救急士が解毒剤投与

日本国内でも、火災による犠牲者が絶えない。病院に搬送されても、そのほとんどが死亡した例が目立つ。救助活動にあたった消防隊員が煙を吸って搬送されることもあり、中には殉職した例もある。

対照的に、青酸中毒の可能性を前提に、火災現場や救急病院で救出者に解毒剤を投与している国がある。特にフランスでは、病院に搬送する前でも救命救急士が解毒剤を投与し、救出者の生存率が大幅に高まっている。

心肺停止状態で病院に搬送されながら、後遺症もなしに完全回復した例が報告されている。二〇〇八年のフランスの医学雑誌『ジャーナル・オブ・コレクショナルケア』一七巻一号に掲載された症例だ。フランスのブザンソン刑務所で二〇〇七年一一月、二三歳の男性が部屋のマットレスに放火し、自殺を図った。マットレスから出る煙を三〇分ほど吸い、心肺停止状態で巡回中の警備員に発見された。

救急チームは青酸ガス中毒を疑い、すぐに解毒剤のヒドロキソコバラミンの点滴が行われ、さらに病院に到着時にも、同じ五グラムの点滴が行われた。三三分後には心肺機能の蘇生と心血管機能が回復した。この結果、神経的あるいは他の後遺症は起きなかった。迅速なヒドロキソコバラミンの点滴が、青酸ガス中毒による心肺停止からの完全回復を実現したと報告している。

この患者の血液中の青酸濃度は六・一二μg／mℓで、致死量の二倍もあったのに、好結果を生んだのは、いくつかの要素が重なったからという。第一は、刑務所から電話を医師が受けた時、急性の青酸ガス中毒と素早く診断し、刑務所側で適切な心肺蘇生と酸素投与を処方した。そして、早期のヒドロキソコバラミンの投与だ。こうして、神経的な後遺症の発症を回避したという。

室内などの密閉空間で起きた火事では、欧米では、青酸ガス中毒の可能性を前提に救急活動をしている。特に口や鼻などに煤が付いていたり、意識不明だったり、頻脈や血圧低下がある場合は、青酸ガス中毒の可能性を前提に、火事現場でヒドロキソコバラミンを投与している。青酸ガス中毒の場合は一刻を争う事態なので、血液検査の結果を待つなどの悠長なことは許されないからだ。

こうしたやり方を取ってきたのがフランスで、一〇年以上前から、多くの火災犠牲者たちを救命してきた。その成果は、たとえば二〇〇七年の論文、アメリカの救急医学雑誌『アナルズ・オブ・イマージェンシー・メディシン』（二〇〇七年、四九巻六号、七九四～八〇一ページ）に、「煙吸入による急性シアン中毒に対するヒドロキソコバラミンの疫学研究」の題で、フランスのボロン（Borron.SW）が報告している。

火事現場で青酸ガス中毒の疑いのある患者六九人に対し、ヒドロキソコバラミンを投与した結果の報告だ。血液検査で青酸ガス中毒と確認された四二人のうち、生存者は二八人で生存率は六七％だ。しかも、心肺停止だった一五人のうち、二人が生存した。青酸ガス中毒でなかった二七人も投与されたわけだが、尿の変色や皮膚の発赤、高血圧程度だけで、重大な副作用はなかった。

▼遅れている日本の対応

こうした論文が報告されてから、世界中で、この解毒剤が使われ始めた。フランスでいち早く使われたこの解毒剤は、例えばアメリカでは二〇〇六年に承認された。日本でも二〇〇八年三月に発売されたが、青酸カリの誤飲などの中毒患者に用いても、火災の中毒対策で使われるのは例外中の例外だ。

ヒドロキソコバラミンは、ヨーロッパ医学庁（ＥＭＥＡ）によって、二〇〇三年、青酸中毒が疑われる場合の最初の選択肢として推奨されている。この物質はシアンイオンと結合して無毒の物質を形成し、尿となって排出される。

青酸ガス中毒で最も困難なのが診断だ。シアン化物の半減期は数時間と短く、血液中から急速に消滅する。煙を吸った犠牲者のシアン濃度の最大値を知るのに必要な化学分析は難しい。青酸中毒の疑いがあると判断したら、分析結果が出てなくても、即座に解毒剤の投与が必要になる。分析は手間も時間もかかり、測定できる施設も限られ、測定結果を待ってから投与するのでは遅すぎる。

こうした問題を解決する手掛かりとされるのが、青酸ガス中毒に多い症状の見極めと、すぐに入手できる血液検査（血液ガス分析）の結果だ。中でも役立つとされるのが乳酸のデータだ。ヨーロッパの専門家集団が救急医療で利用する手順をまとめ、「火災の煙吸引によるシアン中毒」と題し、二〇一三年に発表した。

火災の犠牲者の青酸ガス中毒には共通の特徴がある。一つは、密閉空間での火災であること、意識レベルの変化が起きること、心臓循環系が変化して低血圧が起きることに加え、血液中の乳酸が異常に上昇していることだ。次章で紹介する広島大の岩崎医師の症例報告でも、火災現場から救出された男性の血液の乳酸値が異常に高かったため、青酸ガス中毒を疑ったとしている。

第5章

火災の青酸ガス中毒に対応できず

▼準備のない日本の病院

建物火災では、青酸ガス中毒（シアン中毒）の発生を常に疑うのが前提となっている欧米。この常識は日本では通用しない。消防や救急医療の関係者らが火災と青酸ガスの関連を知らないからだ。この情報格差を指摘した報告がある。

二〇一四年の『日本救急医会誌』（25号）に貴重な症例報告が掲載された。「室内火災の現場より救出され、一酸化炭素中毒を合併したシアン中毒傷病者の一例」と題し、広島大病院高度救命救急センターの岩崎泰昌医師らが報告した。

一八歳の男性がビル内の飲食店で寝ていて、火災に巻き込まれた。室内で倒れているところを消防隊に救出された。室内は救出時、煙が充満していた。病院到着時、男性は意識不明で、気管支に大量のススが付着し、肺に火傷があった。

血中の一酸化炭素濃度（ＣＯＨｂ濃度）は三三・八％で当初、一酸化炭素中毒とみられた。しかし、岩崎医師らはシアン中毒との合併を疑った。カーペットや新建材が多く使われた飲食店の現場の状況に加え、男性の血中乳酸値が異常に高かったからだ。乳酸値は一三・五ミリモル／ℓで、欧米でシアン中毒を疑う指標値（一〇ミリモル／ℓ）を超えていた。明白にシアン中毒の疑いが示されていた。

だが、病院では男性の血中シアン濃度の測定ができず、二日後に判明した。採取血液のシアン濃度は四・三μg／mℓ。致死レベル（三・五μg／mℓ以上）を超える濃度で、男性は六日後に「低酸素脳症」で死亡した。

岩崎医師は、この症例報告の中で、日本の救急医療が火災時に対応できていない問題点を指摘している。「(解毒剤の）ヒドロキソコバラミンの準備がなく、投与することができなかった。細胞内窒息と言う中毒機序を考慮すると、可能な限り早期投与を行わないと効果はない」「火災によるシアン中毒の患者を救うために、ヒドロキソコバラミンの病院内の常備が必要だ」と指摘している。

日本では、なぜ青酸ガス中毒の解毒剤を常備しないのか。警察の検死や消防の火災統計で青酸ガス中毒死を無視してきたため、救急現場の多くの医師も医療機関も、建物火災で青酸ガスが発生することを知らない。二〇二一年暮れの大阪ビル放火事件でも見られたように、助かるはずの命が見殺しになっている。

最近の火事は、ビルでも民家でも、黄色っぽい煙や真っ黒な煙が猛烈に噴き出す。昔の火事が白や灰色の煙を出して燃えたのとは大違いだ。こうした煙には、建材や家具のウレタンなどが燃えて発生した青酸ガスが多量に含まれている。しかし、国内の救急現場には、火災で出る青酸ガスの解毒剤は用意されておらず、助かるはずの命が見過ごされている。具体的な事例を紹介する。

▼危険な高気密高断熱の家

いつのころからか、省エネを売りに、高気密高断熱の家が人気を集めるようになった。断熱効果を高めるとして、軽い発泡ウレタンが多くの家で使われている。この風潮に冷水を浴びせる事態が起きたことはほとんど知られていない。

二〇〇七年六月七日午前零時五分頃、山形市黄金の農業男性（当時四三）方から出火し、木造モルタル二階建て住宅約二〇〇平方mが半焼した。男性と長女（小学三年）、長男（小学一年）の三人が死亡し、意識不明で救急搬送された男性の母親もその後、搬送先の病院で死亡した。

当時は激しい雷雨で、閑静な住宅街に落雷の音が響き渡った。その直後、男性方の一階からオレンジ色の炎が噴き出るのを付近の住民が目撃した。別の住民によると、真っ黒い煙が男性方の玄関からモクモクと出ていた。一階屋根の上部から火が燃え広がっており、屋根に落ちた雷によって火災が発生したとみられている。警察は、死因が一酸化炭素中毒としか発表していない。

男性方は、子供二人は二階で、男性と母親は一階で寝ていた。なお、妻は都内の病院に入院していた。この住宅の壁には断熱材として発泡ウレタンが使われていた。落雷の高圧電流が屋根や柱に流れ、壁を覆っていたウレタンが一瞬にして燃え上がったと見られている。ウレタンが燃えると猛毒の青酸ガスが出ることは多くの事例で証明されている。

今回の火災は、全焼どころか、延焼はほとんどない状態だった。落雷したと見られた居間は燃えていたが、他の部屋は煤で黒くなっただけで、子供たちがいた二階は全く被害がなかった。一階で亡くなった男性らの手足は煤で真っ黒で、二人とも移動した跡があった。二階の子供たちは動いていなかった。

火災現場を見た地元のサッシ会社の代表は、「現場を一巡して感じたことは、延焼した面積の小さいことでした。落雷したとみられる東南角の居間はさすがにひどかったですが、そのほかは消防活動によって天井は破損していましたが、それを除くと、延焼はほとんどないと言える状態でした。ただ煤でいたる所が黒くなっていました。この火災の規模で一家四人の命が奪われたのか、という思いを強く感じました」と、NPO新木造住宅技術研究協議会の会員（山形支部）として、レポート（平成一九年六月一六日）に書いている。

その後も、戸建て住宅やアパートの火災で住民が逃げ遅れ、死亡する火災が各地で相次いでいる。たとえば、二〇二三年一月二八日午後一一時ごろ、愛知県稲沢市の木造二階建て住宅が出火した。火元は一階の和室部分で、住民三人が、和室に隣接する台所で意識不明の状態で見つかり、病院に搬送された。女性二人は死亡しており、男性も意識不明のまま、病院で死亡した。

女性二人の死因は一酸化炭素中毒、男性は一酸化炭素中毒と気道熱傷による呼吸不全とされたが、血液の青酸濃度は調べていない。和室のじゅうたんやソファなどの家具が燃えて青酸ガスが発生し、吸い込んで倒れた可能性がある。欧米のように青酸ガスの関与を見込んで、三人が病院に搬送された時、青酸ガスの解毒剤をいち早く投与していれば、命が助かったかもしれない。

▼青酸ガス中毒に備える病院も

救急関係者や消防も、青酸ガスが火災で発生する危険を知らない現状で、火災の煙を吸った人たちには、従来通りの一酸化炭素中毒に対する救命措置が取られてきた。つまり、現場から救急隊員によって救出されると、一〇〇％酸素の投与を受けながら救急病院に搬送される。病院でも、青酸ガス中毒の可能性を考えずに様々な救命措置が取られる。青酸ガスを吸った患者の脳は無酸素状態となっているため、どんなに手当てを施しても、破壊された脳は元に戻らない。一刻も早く解毒剤（ヒドロキソコバラミン）の点滴投与によって、吸入された青酸ガスを無毒化すべきなのに、それを怠って時間切れとなってしまう。

そんな中、この解毒剤ヒドロキソコバラミン（商品名シアノキット）の常備を始めた救急病院もある。沖縄県中城村《なかぐすくそん》の「ハートライフ病院」だ。同病院の指導医日記のブログ「シアノキットを準備しました」（二〇一八年一月八日）によると、「閉鎖空間の火災では、シアン中毒の発生を常に疑わなければなりません。この中毒への解毒剤として利用できるのが唯一、このシアノキットです。沖縄県内には、卸の薬局さんを含めてこの薬剤の保管がされておりませんでした。有効な解毒剤が沖縄県内にないから仕方なかったとは思いたくないので、病院の薬局、薬事審議会で相談し、一キットですが、保管してもらえることになりました」という。また、「シアン中毒を疑うキーワードをおさらいしましょう」と題し、「急速な症状の増悪」「著名な乳酸アシドーシス（酸性度の上昇）」「静脈血酸素飽和度の上昇」「チアノーゼを伴わない低酸素血症」を、シアン中毒の兆候として挙げている。

上記のブログが記すように、このシアノキットは二〇一三年一二月に薬価基準に掲載され、薬価は一瓶当たり九万二〇三八円（二〇二三年七月改訂）と高価な薬だ。

国内には青酸ガス中毒に備えた病院が少ない中で、独自の診断手続きを設けて入院に備えている病院がある。名古屋市の中京病院だ。

「中京病院熱傷プロトコール二〇二一」によると、診断の手がかりとして乳酸値の目安を挙げ、シアン中毒を疑って「シアノキット投与」と明記している。

このシアノキットを使った投与例がわずか一例、日本救急医学会雑誌（二〇一三年八月一五日）で報告されていた。高知医療センター救命救急センターのグループが発表した。六〇歳の女性が自宅火災現場から意識障害で救急搬送された。一酸化炭素濃度（ＣＯＨｂ）が三六・七％で、煤煙の吸入が疑われ、シアノキットを投与したという。

その後、なぜか、同様の投与例は医学誌で見当たらない。

第6章

大阪ビル放火現場のトリアージの謎

助かるはずの命が火災現場の誤った対応で失われている。全国各地の火災現場で起きているこの実態を明らかにしていきたい。

▼大阪ビル放火現場の謎

二〇二一年一二月に起きた大阪ビル放火事件でも、多くの犠牲者は見殺し状態にされた。欧米で起きた火災なら解毒剤で助かったはずの命が失われた。

一二月一七日午前一〇時二〇分ごろ、大阪市北区曽根崎新地の雑居ビルで、「四階が燃えている」と一一九番があった。出火したのは心療内科クリニックで、二五㎡を焼いて約三〇分後にほぼ消えた。クリニックの二七人が救出された。市内の一三病院に搬送されたが、同日中に二四人、さらにその後、放火した容疑者を含めて三人が死んだ。火災が起きた当初、テレビの速報では心肺停止の人は少ないと報じられた。だが、時間を追うごとに心肺停止が激増したのはなぜか。

「出火は午前一〇時一六分、覚知は同一八分（一一九番通報）、現場到着は同二一分、

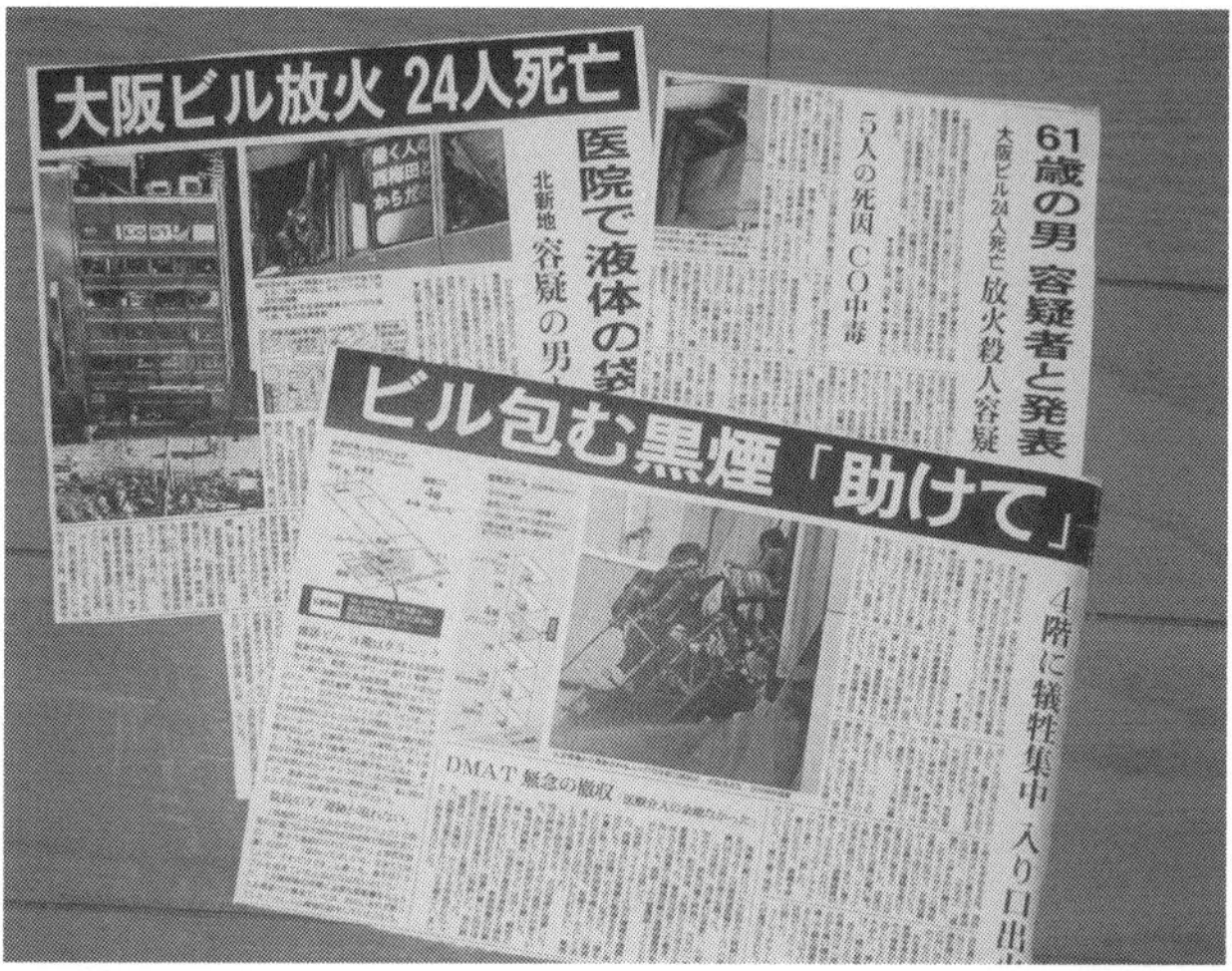

大阪ビル放火では、煙が充満した4階から27人が救出されたが、青酸ガス中毒を疑うことなく、解毒剤の投与はされなかった。

鎮圧は一〇時四六分」――火災から半年後の六月二一日、総務省消防庁は火災の原因調査報告書をまとめ発表した。同庁の消防研究センターが行った火災シミュレーションによると、出火から一〇秒後に多量の黒煙が待合室に充満し、六〇秒後には大勢が避難した奥の診察室まで黒煙が充満した。診察室の一酸化炭素濃度は出火後五分で一〇〇〇ppmを超えたが、この時刻に消防隊が現場に到着した。診察室の人たちはサイレンの音を聞いて安堵したことだろう。だが、救出されて一酸化炭素中毒対策の酸素投与を受けても、容体は戻らず、全員が死亡した。

この調査報告書を読むと、大量のウレタンが燃えていた。燃えたのは待合室の三人掛けソファ二台で、背もたれのウレタンの大半が焼失し、座面もウレタンが露出していた。同室内の椅子も大半が焼失した。これらのウレタンが例えば三kg燃えただけで、クリニック全体（一〇四㎡、天井高さ二・四m）の青酸ガス濃度は致死濃度に近い一〇〇ppm前後になった可能性がある。青酸ガス発生は、現場の消防隊・救急隊も搬送先の一三病院も、想定外で知る由もなかっただろう。

四階のクリニックから救出された人たちの多くが救出直後、意識があったことは、当時の報道記事を詳しく分析すると明らかだろう。その根拠となる二つの新聞記事を引用する。火災現場に駆け付けた「災害派遣医療チーム」（ＤＭＡＴ）の隊員らが当時の状況を説明した記者会見の様子を報じたものだ。会見の中身をいち早く報じた『毎日新聞』記事（一二月二四日午前一〇時五三分配信）を引用しよう。

「惨状、医療活動できず無念、出動のＤＭＡＴ隊員」のタイトルの記事には、現場に駆け付けるまでの様子が紹介されている。

――「大阪市のビルで火災発生。負傷者が多数出ている」。一七日午前一一時過ぎ、大阪府済生会千里病院（同府吹田市）のＤＭＡＴに出動要請が入った。院内では中島医師や看護師ら六人が集められ、すぐ機材と薬品を準備してドクターカーで出発した。現場に向かう途中、先着隊から治療の優先度を決める「トリアージ」の状況が電話で届いた。「赤タグ（重症）が二四人」「一酸化炭素中毒が多数。ほとんどが黒タグ（救命困難）になる可能性がある」。厳しい状況なのは明らかだったが、「できることはある」と全員で言い聞かせ合った。

到着すると、路上に設置されたテント内で負傷者の蘇生措置が行われていたが、手の施しようがなくストレッチャーで運ばれる姿も見えた。中島医師らも治療に加わろうとしたが、すぐ解散するよう指示が出た。蘇生が不可能で、活動できる余地はないという判断だった。他のチームも同様に撤退していた。現場の滞在はわずか二〇分ほど。中島医師は「現場で治療をしたかった。何もできないままの解散は非常に無念だった」と悔しさをにじませた――。

▼救出直後は軽症、中等症だったのに

中島医師らのＤＭＡＴは、二〇〇五年、厚生労働省によって発足した。主に大規模災害時に全国から派遣され、医師や看護師、救急救命士らで構成される。地域の救急医療体制では対応できないほどの現場に急行する医療チームだ。

このビル放火火災こそ、チームが活躍できるはずなのに、なぜ、負傷者の医療に全くかかわらせなかったのか、まして、召集に応じて駆け付けた隊員らに解散を命じるとは非常識だ。中島医師らが無念だと悔しがるのも当然だろう。

隊員らの医療行為を認めたら、何か都合の悪いことがあったのではないか。その疑念を裏付ける状況だったことが、別の新聞記事で紹介されている。『読売新聞』の記事（一二月二四日午後三時四三分配信）の該当部分を以下に紹介する。

――一七日午前一〇時五五分頃、大阪市内でビル火災発生との一報が大阪府済生会千里病院の千里救命救急センター（吹田市）のＤＭＡＴ隊員に入り、医師二人、看護師二人ら計六人がドクターカーで現場に派遣された。ここまでは『毎日新

聞』の記事とほぼ同内容だが、以下の部分に注目してほしい。

「出動直前の情報では、搬送の優先順位を決めるトリアージで、色分けされたタグ（札）は、赤（重症）が四人、黄（中等症）が四人、緑（軽症）が一〇人だった。だが、現場に向かう途中、先着した別の隊からCO中毒などで「黒（死亡または救命困難）に近い赤」が二四人との情報がもたらされた――。

先述の『毎日新聞』の記事と異なるのは、出動直前に寄せられた情報では、火災現場から救出された直後の人たちの多くが軽症（緑タグ）や中等症（黄タグ）だったことが分かる。刻々と被害者たちの容体が悪化していったわけで、たちまち、ほぼ全員が心肺停止の状態に陥ったことが分かる。日本では、こうした火災の被害者には純酸素投与と心臓マッサージが行われる。火災の煙は一酸化炭素しか含まれていないという前提だから、一〇〇％の酸素を投与すれば、血液中の一酸化炭素が置き換えられて救命効果が上がるという考え方だ。だが、欧米の病院や消防は、建物火災で煙を吸い込んだ被害者は、猛毒の青酸ガス（シアン化水素）を吸い込んだ疑いがあるため、効果的な解毒剤「ヒドロキソコバラミン」を準備している。第4章のロンドンのグレンフェルター火災で、意識不明だった一二歳の少女だけでなく、母親と妹が救命されたのも、この解毒剤が救急搬送先のキングスカレッジ病院に準備されていたからだ。

大阪のビル放火火災の現場で、赤タグ（四人）、黄タグ（四人）、緑タグ（一〇人）のそれぞれが、一刻を争って解毒剤の投与を受けていたら、これだけ多数の犠牲者は出なかった可能性がある。ちなみに、トリアージのタグは、以下のような説明がされている。緊急搬送の優先順位が最も高いのは赤タグで、「生命が危機的で今すぐに治療が必要」とある。この赤タグの被害者たちこそ、真っ先にヒドロキソコバラミンを投与すべき対象なのに、投与されなかった。第二位の黄タグは「処置までに数時間の余裕がある」とされ、緑タグは「生命の危険がなくて外来で十分」とされている。

欧米では、火災による死亡や行動不能では青酸ガス（シアン化水素）中毒を疑うべきだと、消防や救急医療の関係者に呼び掛けている。特に、火災現場の救出者に、①低血圧、②口や鼻のまわりに煤が付いた煙の吸引者、③血中の高い乳酸値が見られたら、青酸ガス中毒を疑い、早急の解毒剤投与をすべきとしている。

国内では今も、一酸化炭素中毒を前提とした酸素投与に頼る救命方法が続いている。

第7章

青酸ガスの発生源

▼消防研究所の研究

日本の住宅はかつて「木と紙の家」と言われ、隙間風が入って寒かった。一九七〇年代から高気密・高断熱を売りにした住宅が増え、こうした悩みは解消した。隙間の解消や断熱対策で利用されるのが合成高分子の建材だ。一軒の家で二トンのプラスチック建材が使われるというほどだ。こうした建材やインテリア、家具、カーテンや布団など、私たちの生活空間は種々の合成化学物質で囲まれている。

だが、これらが燃えて青酸ガスが発生する危険が指摘されるようになった。

消防庁・消防研究所の守川時生氏らの研究「燃焼、熱分解によるシアン化水素（青酸ガス）の発生」（一九七二年、『日本火災学会論文集』）で、この問題が詳しく分析されている。簡単に言えば、窒素原子が含まれていれば、どんな化学物質でも燃えると、青酸ガスの発生は避けられないというのだ。

この研究では、材料として、アクリロニトリル、メラミン樹脂、ユリア樹脂（尿素樹脂)、ナイロン六、ASレジン、ポリウレタンなど、窒素を分子中に持つ合成高分子が使われた。これらの材料を加熱したところ、セ氏五〇〇度以上で青酸の生成が始まり、温度上昇とともに生成量が急激に増えた。たとえば、主要な繊維材料のアクリロニトリルは、セ氏三〇〇度の低温で加熱しても、容易に青酸が生成した。

結論として、守川氏は、「窒素を含んだ有機化合物は、いずれも、六〇〇度以上の温度で必ず青酸を生じる」「窒素を含まない有機物でも、アンモニアまたはアンモニアを放ちやすい物質、例えば防炎処理剤のリン酸アンモニウムなどを共存する場合は、六〇〇度以上でやはり青酸を発生する」「発生量は一般に、温度が高いほど、また、空気(酸素)の供給が悪いほど大きい」とまとめている。

▼建材・家財から出る煙の毒性

テレビなど家電製品の筐体《きょうたい》(ケース)に広く使われるABS樹脂も、窒素が多く含まれている。このテレビが燃えた火災で女子中学生が死亡したが、遺体から致死量を大幅に超える青酸が検出されたことが報告されている。

一九八三年五月一二日、『読売新聞夕刊』社会面に「古いテレビ燃え　母子寮で中二少女が焼死　点《つ》けっ放しで過熱」と大きく報じられた。午前一時三〇分ごろ、東京都葛飾区の同区ふたば母子寮（鉄筋コンクリート四階建て）の二〇一号室から出火し、同室二八㎡が焼けた。寝ていた区立中学二年の少女（一三）が焼死した。一〇年近く前に購入したテレビ付近から火が出ていた。家族の話では以前もショートしたことから、このショートの火花が原因ではないかとみられた。

少女の死因は一酸化炭素中毒とされた。ところが、血中の一酸化炭素濃度は五五・一％と致死濃度を少し下回っているのに、血中の青酸量は九・五㎍／㎖と致死濃度（約三㎍／㎖）を超えていた。致死濃度の三倍以上は十分致死因子になりうるから、警察の一酸化炭素中毒死の判定自体が誤っていた。

この不可解な少女の火災死は、東京消防庁の火災予防審議会・人命安全対策部会（部会長、岸谷孝一）がまとめた報告書（一九八七年三月）の中で、「青酸ガス中毒の可能性一覧一〇例」の一つとして、取り上げられていた。

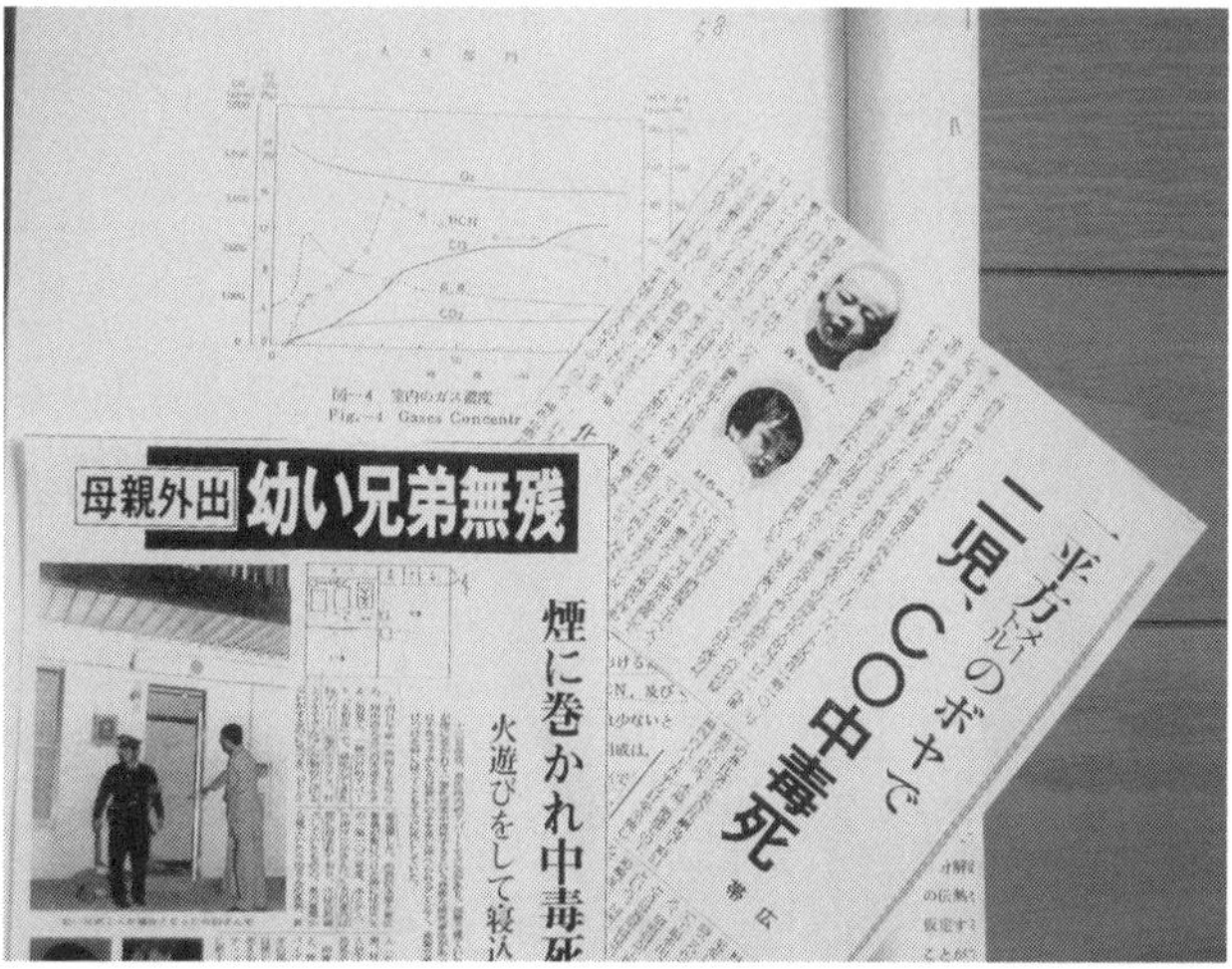

青酸ガスが発生するアクリル繊維のクッションが燃えただけで、男児２人が中毒死した現場を報じる。

青酸濃度が高かった犠牲者一〇人のうち就寝中は七人で、うち三人は布団がくすぶる程度のボヤだった。布団やカーテンなどが燃えて青酸ガスが発生し、就寝中のためにガスを多量に吸ったからだろうと報告書は指摘している。

青酸ガスは、アクリル繊維（アクリロニトリル）製の毛布や布団、カーテンが燃えても発生し、タンパク質を含む羽毛布団の火災でも発生する。これらの材料には窒素原子が大量に含まれており、燃えると青酸ガスに変わるからだ。

アクリル繊維製の椅子が燃えただけで、二人の男児が死亡した例もある。一九八三年一〇月一四日未明、北海道帯広市のアパート一階の部屋から煙が出ているのを、アパートの住人が見つけた。消防チームが駆け付けた時、部屋は煙に包まれていただけで、自然鎮火していた。だが、室内で四歳と二歳の男児が死亡しており、死因は一酸化炭素中毒とされた。母親は病気見舞いで不在だった。

室内にあった椅子（パイプ椅子）は、クッションが燃え落ち、床に百円ライターとマッチの燃えカスなどが落ちていた。子供らの火遊びが原因と見られた。

燃えたのは、合板の床が約一㎡と、椅子のクッション（五〇㎝四方、厚さ五㎝）だけなのに、なぜ二人が死亡したのか。原因を解明するため、火災の再現実験が国立建築研究所・第二研究部で、主任研究員によって行われた。雑誌『近代消防』（一九八四年七月号）の論文「建材・家財等から発生する煙の毒性」の中で、実験結果の一部が紹介されている。

燃えた椅子のクッションはアクリル繊維（アクリロニトリル）だった。燃えると青酸ガスを発生する。再現実験室の青酸ガス濃度と、二児の血中一酸化炭素濃度（三〇〜

四〇％）がそれぞれ致死濃度未満だったことから、「子供たちの死因は、一酸化炭素とともに、シアン化水素が寄与したと推察できる」としている。

▼札幌市消防局の燃焼実験

多くの住宅火災で、テレビやパソコン、エアコンなどの電気製品（筐体がＡＢＳ樹脂）が燃えている。これらの材料から青酸ガスがどのくらい発生するのか。貴重なデータが北海道札幌市の消防科学研究所の再現実験で報告されている。

一九九七年に起きた電気店の火災で消防士二人が死亡した。二人の殉職を重視した市消防局は特別調査委員会を設置し、火災の実態と発生要因の解明に取り組んだ。市の消防科学研究所が再現実験を行い、ＡＢＳ樹脂の電気製品やウレタンの断熱材が燃えて致死的濃度の青酸ガスが発生することが分かった。

火災は一九九七年五月八日午後一一時ごろ、札幌市豊平区美しが丘三条二丁目の電気店の倉庫で発生、約七六〇㎡の内部が全焼した。出動した消防隊員二人が煙に巻かれて死亡した。警察は一酸化炭素中毒死と発表したが、消防科学研究所が再現試験を行ったら、猛毒の青酸ガスが大量発生することが確認された。

店内には、大量の電気製品が入った段ボール箱が置かれ、天井や内壁には断熱用の発泡ウレタンが吹き付けられていた。これらが燃えて有毒ガスを発生したとみて、電気製品に使われたABS樹脂と発泡ウレタンを使って燃焼実験を行った。

まず着火実験を行い、青酸ガス発生量を調べた。発泡ウレタンの方が低温(セ氏一八〇度)で熱分解し、高温になるほど青酸ガスの発生量が多くなった。発泡ウレタン一gあたり、セ氏四五〇度で二・八四mg(体積二・四cc)の青酸ガス、五五〇度で一三mg(同一〇・八cc)、八五〇度で一六・〇八mg(同一三・三cc)と増えた。

一方、ABS樹脂の青酸ガスの発生量は、一gあたり、セ氏四五〇度で七・一七mg、五五〇度で二・〇一mg、八五〇度で三・〇二mgと、高温になるほど減った。一般の火災はセ氏八〇〇度以上の温度だから、発生量は、発泡ウレタンより少ないといえる。

実際の火災では、断熱材の発泡ウレタンは二三五kg、家電製品のABS樹脂は二一八kg、それぞれ燃えた計算だ。この数字をもとに、青酸ガスの発生量を求めたところ、最大（セ氏八五〇度の場合）で発泡ウレタンから三・七八kg、ＡＢＳ樹脂から六五九ｇ、両方を合わせて計四・四kgと推計された。

これだけの青酸ガスが電気店内に均等に拡散したとすると、火災時の濃度はどれくらいになるのか。札幌市への情報公開請求で入手した特別調査委員会報告書（一九九七年九月一一日）には、驚くべき結果が記されていた。「開口部から燃焼ガスの放出がなかったと仮定すると、シアン化水素（青酸ガス）の濃度は、一六〇〇ppmに達することとなり、かなり高濃度だった」と。

青酸ガスの毒性は一酸化炭素よりはるかに強く、二五倍から三五倍とされる。人が吸い込んで行動不能となる致死濃度や時間は、火災関係の論文によると、数分間の暴露で致死となる濃度は一八〇ppm（ちなみに一酸化炭素は五〇〇〇～一万ppm）、三〇分間ばく露で致死となる濃度も一三五ppm（一酸化炭素は三〇〇〇ppm）だ。これらの数字と比べても、殉職した消防士二人が遭遇したはずの「青酸ガス」は推定濃度一六〇〇ppmだから、いかに猛毒だったかが分かる。青酸ガスは神経系に作用し、中毒症状として、めまい、頭痛、意識喪失、けいれんなどを引き起こす。

しかも、火災現場では、青酸ガスは一酸化炭素よりも早く発生し、致死濃度に達する。東京消防庁の『消防科学研究所報』第二五号（一九八八年）の論文「火災時に発生する燃焼生成ガスの毒性実験について」でも、死者が出た住宅火災の再現実験を行い、青酸ガスが一酸化炭素よりも早く致死濃度に達したとしている。

「実験開始後約一〇分で急激な燃焼（有炎燃焼）に移行し、それに伴い燃焼生成ガス濃度も急激な上昇を示した」「とりわけＨＣＮ（青酸ガス）は発炎後五分で（四〇〇ppm）、また、ＣＯ（一酸化炭素）は二〇分で（一％、一万ppm）、致死濃度に達している」「早期に致死濃度に達したＨＣＮの影響が（中毒死男性の死因として）最も大きかったのではないか」と記している。一酸化炭素より一五分も早く、致死濃度の青酸ガスが発生し、行動不能・致死状態になるというのだ。

前述の札幌市の電気店火災で消防士二人が殉職したように、一般の建物火災の煙に含まれる青酸ガスの怖さは無視され、これまで知らされないできた。被災住民だけでなく、消火・救出に携わる消防隊員にも多くの犠牲者が出ている。

二〇一九年冬だけでも、一月三一日、東京都八王子市の住宅が全焼した火災で消防隊員が死亡し、住民男性も死亡した。この九日前の一月二二日にも秋田県能代市の住宅火災で、能代山本広域消防本部の消防隊員二人が死亡した。

　青酸ガスは、合成化学物質に限らず、すべての窒素含有有機物が燃えると程度の差はあっても発生する。絹や羊毛も燃えると発生する。成分のたん白質に窒素分を含むからだ。バーベキューで肉や魚を焼いても出てくる。タバコも、ニコチンが窒素分を含むので、煙から発生する。人体は少量なら青酸ガスを分解する酵素（ロダネーゼ）があるので、中毒を起こさずにすむが、厳密に調べると、タバコを吸う人は吸わない人よりも血液中の青酸濃度が高いという。

第8章

ダンスクラブ火災

▼ディスコのウレタン火災で大勢死ぬ

ウレタンを始め、ナイロン、アクリル繊維などの窒素を含む高分子化合物の建材や家具、衣料などが普及してから、建物火災の様子が一変した。以前は、一酸化炭素（CO）中毒による死亡が多いとされたが、最近は、一酸化炭素よりも青酸ガスの影響の方が大きいとする報告が欧米で増えている。いまや欧米では、青酸ガスと一酸化炭素による相乗効果は、「双子の毒ガス」（TOXIC TWINS）と言う言葉が生まれるほど、広く知られるようになっている。

第2章の多摩ビル火災のように、世界中で、ウレタンが燃える火災で青酸ガスを吸って大勢の犠牲者が出ている。これらの火災の経過と原因を紹介したい。

ウレタンによる大規模火災死の筆頭は、二〇一三年一月二七日にブラジル南部のサンタマリア市で起きたナイトクラブ「キス」の火災で、二〇〇人以上が死亡した。火事は午前二時すぎに起きた。出火当時、店内では地元大学の学生らによるパーティが開かれており、ロックバンドによる演奏が始まったばかりだった。

演出用に、発煙筒のような花火が点火されたら、噴き出した火花が天井の防音材に引火した。防音材は発泡ウレタン製で、たちまち燃え広がった。建物内には大学生ら約二千人がいた。炎が広がるとパニック状態となり、出入り口に殺到した。将棋倒しとなって多くの人が踏みつけられたり、煙を吸ったりしたりして、二三九人の死者と一六九人の負傷者が出たとされている。

この火災で入院した被害者たちの治療に役立てたいと、ブラジル政府の要請で、シアン中毒の解毒剤一四〇セットが米国から飛行機で現地に運ばれるとの報道があった。同国内ではこの解毒剤が入手できないためと説明していた。

同様のナイトクラブ火災が世界各地で起きている。二〇〇三年に米国・ロードアイランド州のナイトクラブ「ステイション」でも死者一〇〇人の火災が起きた。ここでも、演出用に点火した花火が、ステージ周辺に設けていた発泡ウレタン製の断熱材や防音材に引火し、燃え広がった。

翌二〇〇四年一二月には、アルゼンチン・ブエノスアイレスのナイトクラブで同様の火災が起き、一九四人が死亡した。また、二〇〇八年九月には中国の深圳《しんせん》のクラブで花火が天井のウレタンに着火し、四三人が死亡した。翌二〇〇九年一月にタイのバンコクのナイトクラブで、花火が天井の防音用の発泡ウレタンに着火し、六六人の犠牲者が出た。二〇一五年にはルーマニアのブカレストのナイトクラブで、花火が天井の防音用発泡ウレタンに着火し、六四人の死者が出た。

タイ・バンコクのナイトクラブ火災では、日本から火災調査団（東京理科大と消防庁消防研究センター）が派遣され、報告書が出ている。多数の死者が出た理由として、「建築規制法に内装制限がなく、内装に可燃材料が用いられていたこと、特に天井の断熱材が極めて燃えやすい吹付けウレタンだった」ことが、直接の原因として大きいと明記している。

▼ウレタン火災のメカニズム

こうしたウレタン火災のメカニズムについて、米国の研究チームが再現試験やコンピュータによるシミュレーションで解析し、詳しく報告している。

研究対象は、前述の二〇〇三年二月二〇日深夜に米国・ロードアイランド州で起きたナイトクラブ「ステイション」火災だ。一〇〇人が死亡、二三〇人が負傷した。ロックバンドの演奏開始に合わせ、花火装置が点火された。火花が五mほど噴出した。火花は上や左右に向けて噴き出し、左右の壁に張られた吸音材の発泡ウレタンに引火した。たちまちウレタンは燃え上がり、大量の煙が発生した。煙とともに一酸化炭素や青酸ガスを発生させた。これらのガスを吸い込んで大勢の客が意識を失い、一酸化炭素や青酸ガスで中毒死した。

大惨事となったこの火災について、米国商務省の国立標準・技術研究所の調査チームがコンピュータ・シミュレーションや実物大模型による火災実験によって、火災が広がった経緯やウレタンなどの燃え方の徹底解明に乗り出した。

二年半後の二〇〇五年六月、調査報告書が公表された。惨事の再発を防ぐための規則の改善点などが詳しく報告されている。シミュレーションの結果、壁に貼られた発泡ウレタンに引火した炎が急速に広がり、さらにウレタンに接した木製パネルも発火させ、最初の九〇秒間で激しい熱を発生させたとしている。

花火の火花はウレタンをセ氏八〇〇度以上に加熱していた。さらに、わずか二分で、火は木製パネルにも燃え移り、室内の温度はたちまち高温となった。難燃性でない発泡ウレタンのパネルから始まった火災だが、室内にスプリンクラーを設けていたら、火災は制御できることが確認された。このナイトクラブにはスプリンクラーは未設置だったが、二〇〇三年当時の規則では設置は義務ではなかった。火災警報装置は火災発生から四一秒後に作動していたという。つまり、警報として役に立たなかった。

発泡ウレタンから出る煙についても報告されていた。床から一・四mの高さで測定したら、青酸ガスは六〇秒後から発生し始め、時間経過とともに急速に濃度が上昇した。一〇〇秒過ぎに〇・一%（一〇〇〇ppm）になり、一二〇秒後に最大〇・一三%（一三〇〇ppm）、その後は徐々に下がって二〇〇秒後で五〇〇ppmとなったが、いずれも致死濃度だった。一方、一酸化炭素の発生は青酸ガスよりも遅れて八〇秒後から発生し始めた。その後は急激に増加し、一〇〇秒後の濃度は四%（四〇〇〇〇ppm）に達し、その後も増え続け、二〇〇秒には五%を超えた。いずれも致死濃度だから、青酸ガスとともに死因となったことは確実だ。

これらの結果をもとに、報告書は、再発防止対策として多くの提案を行っている。発泡ウレタンについては、インテリア製品への使用を厳しく制限することを提案している。発泡ウレタンは、新たなナイトクラブだけでなく、既存のクラブのすべてから禁止すべきだと提案している。

出火して15分で7人が亡くなった町工場火災、マットレスが燻って母子が中毒死など。ウレタン火災は1970年代、大きく報道された。

国内でも、一九七〇年代はウレタン火災による大量死が再三報じられていた。たとえば、一九七九年五月二二日の『読売新聞』は、社会面トップで「町工場火事で殺人ガス、出火一五分で七人死ぬ、大阪のクッション会社、材料ウレタン燃え」と報じた。工場ではウレタンフォーム（発泡ウレタン）製の椅子クッションを製造しており、工場内に大量のウレタンフォームを貯蔵していた。このウレタンが燃えて大量の有毒ガスが発生した。消防による火勢鎮圧までわずか一五分間だったのに、社長を始めパート主婦ら七人が犠牲になったというのだ。

一九七一年二月八日の『読売新聞』夕刊でも、社会面トップで「毒煙　ポリウレタン工場、引き返した夫婦死ぬ。蒲田、カラカラ密集地火事」と報じられた。

こうしたウレタン火災の記事は、一九七〇年代には新聞各紙で再三取り上げられた。一酸化炭素よりもはるかに毒性が強い「青酸ガス」が発生することを紹介し、危険性を読者に啓蒙した。火災現場を調査した地元消防署だけでなく、当時の消防庁も積極的にウレタンからの青酸ガスの発生の危険を呼び掛けた。だが、こうしたマスコミや消防関係の動きはいまや姿を消してしまった。

第9章

布団類や車両火災でも大量発生

▼布団類からも有毒ガスが

たばこが布団などに着火し、煙に巻かれて死亡する例が多く発生している。実は、布団や毛布、カーペットなどが青酸ガスの発生源となっている。

「実大規模によるふとん火災の燃焼性状に関する検証」と言う報告が二〇一三年、東京消防庁から出ている。住宅火災の出火原因はたばこが最も多く、発火源がたばこの場合、着火物の五割以上を布団類が占めているからだ。

布団に寝た状態で火災の再現試験を行い、発生したガスの測定結果が詳しく報告されている。結論として、「混紡の布団だけでなく、近年販売数量が増加している羽毛布団においても、無炎燃焼（炎が上がらず、煙だけが出てくすぶっている状態）を発生・継続し、一酸化炭素や二酸化炭素のほかにも、シアン化水素（青酸ガス）やアンモニアといった人体に有害なガスを発生させていることが明らかになった」としている。

実験では、かけ布団と敷き布団について、綿や混紡、ダウン（羽毛）を組み合わせ、計六種類の実験を行った。ヒトの口元に相当する位置（床から高さ四〇cm）と天井付近（同一・八五m）でそれぞれ酸素、二酸化炭素、一酸化炭素の濃度を測定した。さらに、口元付近で有毒ガスのアンモニアと青酸ガスの濃度も測定した。六種類の実験結果で、注目されるのが羽毛布団からの青酸ガスの大量発生だ。

「ダウンのかけ布団（重さ二・一三五kg）と綿の敷き布団（重さ四・九三五kg）の実験」では、口元付近の青酸ガスの濃度は実験開始三分三九秒後から検出され、時間経過とともに増加した。無炎燃焼中の最大値は、二八分三九秒後の三〇ppmで、さらに有炎燃焼が生じた後の最大値は三八分三九秒後の九〇ppmだった。なお、アンモニアは実験中、検出されなかった。

羽毛布団を使った別の実験「ダウンのかけ布団（重さ二・〇六kg）、混紡の敷き布団（重さ五・〇一五kg）」でも、シアン化水素は八分三九秒後から濃度が上昇し、六八分三九秒後には五五ppmに達した。なお、アンモニアは一八分三九秒後に七ppm検出され、四八分三九秒後から低下していった。

一方、一酸化炭素の濃度は、一〇分から三〇分程度で人が死に至る危険性のある濃度に達した。口元付近で測定された青酸ガス濃度は、すでに八分後で軽度の中毒症状を起こす可能性のある濃度に達していたことから、一酸化炭素中毒になる以前に、青酸ガスによる影響を受ける可能性があると報告している。

報告は結論として、①「綿や混紡の布団の組み合わせで無炎燃焼させた場合、約六〇分で、継続して吸引した際に人が死に至る可能性のある一酸化炭素の濃度に達する」、②「ダウンの布団が無炎燃焼した場合、一酸化炭素よりも早い段階で人体に影響を与える濃度の青酸ガスが発生する」とまとめ、さらに、「一酸化炭素との相乗効果により、人命危険が高まるため、寝たばこ火災に対するさらなる注意喚起が必要である」としている。

布団と並ぶ寝具の毛布からも青酸ガスが発生する。東京消防庁の『消防科学研究報二九号、平成四年』に掲載された「防炎性能を有する素材から発生する燃焼生成ガスに関する研究」で、詳しく紹介されている。

この研究は、防炎加工された製品が燃えて生じるガスは、未加工の製品よりも毒性が強いという報告もあるため、綿やアクリル繊維（アクリロニトリル）の防炎加工品と未加工品の燃焼比較実験を行い、発生するガスについて調べた。

その結果、一酸化炭素の発生は、綿の製品では、防炎加工品の方が、未加工品よりも低濃度だったことから、防炎加工の燃焼抑制効果が確かめられた。

ところが、アクリル繊維製品では、未加工品も難燃素材の製品のいずれも、青酸ガスが多量に発生した。短時間で人体に危険な高濃度だったのだ。

比較実験には、建設省が定める「建築材料の表面試験装置」を用いた。材料を電気ヒーターで三〇分間加熱し、発生ガスの濃度を均等にして調べる方法だ。

青酸ガスが多量に発生したアクリル製品は難燃アクリル毛布とアクリル毛布だった。特に多かったのが難燃アクリル毛布で、短時間で高濃度となった。加熱直後から発生し、一五分ほどで一二〇ppmに達し、その後も高い値を維持した。

未加工のアクリル毛布の場合も、加熱してしばらくは低濃度だったが、一〇分ほどで七〇ppm程度に急増し、その後もほぼ、この濃度を維持した。

毛布の材料のアクリル繊維は窒素を含有する有機物だ。加熱すると容易に熱分解し、青酸ガスを発生することは多くの研究で明らかになっている。なぜ、防炎加工すると青酸ガスを発生しやすくなるのか。防炎薬剤自体に窒素が含まれているためでは、としながらも、青酸ガス発生を抑制する防炎薬剤の開発が必要と指摘している。

防炎加工品という宣伝文句だけで、火災防止に役立つはずと受け止める人が多いが、寝具の素材を含めて、こうした実態にもっと注意が必要だろう。

▼車両火災による青酸ガス中毒

車が各地で燃えている。消防庁の統計によると、二〇二〇年に起きた車両火災の件数は全国で三四六六件、一日平均で一〇件の割合だ。毎年三〇〇〇件から四〇〇〇件も起きており、死者も多数出ている。犠牲者の死因の詳細な調査がないため、青酸ガス中毒による死者の実態は不明だが、かなり多いとみられる。

二〇二〇年四月、北九州市八幡西区の山間道路で起きた車両火災もその一つだ。一台の軽乗用車がガードレールわきに止まり、中から三人の遺体が見つかった。現場はトンネルを出て五〇mの緩いカーブで、ガードレールに斜めに衝突した跡が残っていた。車体にほとんど損傷はなかった。窓ガラスには煤が付き、車内の助手席は激しく焼けていた。警察は車内で火災が発生したとみて、三人の遺体を司法解剖して死因を調べた。

三人は親子で、運転席の母親、助手席の次男、後部座性の長男は気道に煤や火傷の跡があった。死因は車内の火災によるもので、運転席の母親と後部座席の長男は「焼死」、助手席の次男は「火炎性ショックによる心肺停止」と断定した。

これまでも再三、指摘しているように、「焼死」は一酸化炭素中毒ではなく、原因不明の場合に使われる用語だ。通常の車両火災では、血液中の一酸化炭素濃度（COHb濃度）が六〇％以上だとCO中毒死とし、一〇％未満の場合は火傷死、その中間の場合に原因不明だとして「焼死」と分類している。

車の座席のクッションは軟質発泡ウレタンが使われている。ウレタンが燃えると、一酸化炭素のほか、大量の青酸ガスが出ることは明らかだ。この火災でも座席が激しく燃えていた。青酸ガスが一酸化炭素とともに出たことは確実で、犠牲者たちが煙と一緒にこれらのガスを吸い込んだとみられる。

警察は通常、火災死者の血液中の一酸化炭素濃度だけを調べている。犠牲者たちはどのくらい一酸化炭素を吸ったのだろうか。福岡県警に対し、一酸化炭素濃度の情報開示を求めて、情報公開請求を行った。ところが、捜査上の秘密を理由に拒否された。念のため、血中の青酸ガスの検査を行ったかどうかも問い合わせたが、一切の開示を断ってきた。犠牲者たちの死因を「焼死」と判断していたことから、少なくとも、一酸化炭素濃度が六〇％を下回っていたことは確実だ。他県警と同様、青酸ガスの検査を行っていなかったとみられる。

国内では車両火災は数多く報告されているが、一度も、詳しい血液検査の結果は公表されなかった。そんな状況の中で、貴重なデータが見つかった。警察庁所属の科学警察研究所の一九八八年の報告書に記載されていたのだ。

次章の「ホテル大東館火災」が国会で取り上げられた際、警察が火災死者の一酸化炭素濃度の検査しか行わず、青酸ガスの影響を無視していることが明らかになった。このため、火災の青酸ガス中毒死の実態を調べようと科警研が一〇一件の火災死者の血液を収集し、その一酸化炭素濃度と青酸濃度を調べたのだ。

この収集例の中に車両火災死六件が含まれていた。六件すべてで青酸ガスが検出された。最も青酸濃度が高かったのは、交通事故による車両火災死だった。二七歳の男性の血液中の一酸化炭素濃度五四％に対し、青酸濃度は三・一μg／mℓと高く、致死濃度だった。次いで多かったのは五五歳の男性で、一酸化炭素濃度は三一％と致死量（六〇％）未満で、青酸濃度は二・九μg／mℓだった。推定死因は火傷死とされていた。だが、高い青酸濃度からみて、運転者は煙と一緒に青酸ガスを吸って動けなくなり、車外脱出できずに火傷を負った可能性がある。

車両火災による死亡事故は各地で頻繁に起きているのに、死因調査で、青酸ガスの関与について調べる警察はどこもないようだ。たとえば、二〇二二年二月一八日午前三時すぎ、長崎市柿泊町の県道一一二号で軽乗用車が燃える火災があり、車内から七〇代とみられる女性の遺体が見つかった。マスコミは、警察と消防が火事の原因を調べていると報道しただけで、死因に触れていなかった。

二〇二三年一月二日午後八時すぎ、福島県郡山市大平町の市道で、乗用車と出会い頭に衝突した軽乗用車が炎上し、四人が死亡する車両火災が起きた。乗用車のドライブレコーダーには、衝突直後に軽自動車が炎上する映像が写っていた。側面衝突されてガソリンタンクが破れ、一気に燃え広がったらしい。この事故でも、死因は、司法解剖で一酸化炭素中毒が一人、三人が焼死と発表されただけだ。四人の車外脱出を妨げた可能性のある青酸ガスの発生については、無視されていた。

第10章

ホテル大東館火災

▼国会で追及されたホテル大東館火災

消防や警察の現場は、火災が起きると、測定が容易な一酸化炭素しか調べない。火災の死因統計は、一酸化炭素中毒死や窒息、火傷死のほかは、あいまいな「その他」とひとまとめにする。背景に警察の安易な死因調査（検死）があるためだ。

この手抜き検死の実態を明るみに出したのが「ホテル大東館火災」だ。一九八六年二月一一日未明、静岡県東伊豆町の熱川温泉で、ホテル大東館・旧館「山水」から出火、木造三階建て八六〇㎡を全焼した。

二五人の宿泊客は、合宿の大学生や結婚記念日の夫婦など、当時ブームの温泉旅行で来ていた。ホテル側は誤作動を嫌って非常警報機のスイッチを切り、避難誘導もしなかった。

宿泊客は、三階の窓から屋根伝いに脱出した夫婦二人を除き、全員死亡した。助かった夫婦の夫は、「胸苦しくなって目が覚めた。部屋いっぱいに真っ白い煙がたち込

ホテル大東館火災で、「有毒ガスで仮死」などと有毒ガスの怖さを伝える記事。

めていた。本館側の窓を開けたら、炎が下の方から立ち上がってきた。廊下の誘導灯も煙で見えなかった。残った山側の窓を開けたら、すぐ下に屋根が見えた。荷物を取りに戻ろうとした妻に『命の方が大切だ』と言って、手を取って思い切って飛び降りた」（『朝日新聞』二月一二日付夕刊）。

　ほとんどの客は客室内で寝たままの状態で発見された。死因は全員、焼死とされた。なぜ、逃げ出す様子もなかったのか、この疑問は国会で取り上げられた。

火災から三日後の二月一四日、参議院地方行政委員会で丸谷金保議員が質問に立った。「死因は焼死」という警察発表に対し、「焼死の前に青酸ガスで死亡する実例がある」と指摘した。「全員が焼死と認定した根拠は何か」と質問した。

警察庁の刑事局長は「焼死した二四体のうち、血液凝固等で検査不能の四体を除き、血液中の一酸化炭素の濃度を検査したところ、いずれも中毒症状を起こすに足る濃度が検出された」と説明し、「一酸化炭素中毒によって動けなくなった状態で焼死した」との見方を示した。

丸谷議員は納得しなかった。二年前にＮＨＫが放送した中身だとして、「ポリウレタンで作った枕の真ん中にタバコの火で大きな穴が開いただけで、そのガスを吸って窒息死した」例を紹介した。「これほど有害なものがあるのに、ポリウレタンなんて、たいしたことがないという認識だ」「有毒（ガス）を発する化学製品が余りにも日常生活の中に入り込んできている」と訴えた。

丸谷議員はさらに、横浜市立大医学部の助教授が行った火災調査で、焼死体の青酸ガス（シアン化水素）の血中濃度が高かったという結果を紹介し、「熱川の場合は致死量を超えるようなものは発見されなかったのか」と質問した。

これに対し、刑事局長から驚くべき回答があった。「血中検査については一酸化炭素の関係だけの調査をやった。今回の場合は、いずれも（一酸化炭素の血中濃度が）四〇％以上と出ているので、死に至る原因としてはもう十分で、それ以上の検査はしないというのが通常」と説明した。

警察では青酸ガスの分析をしないという。ちなみに一酸化炭素の致死濃度の目安は血中濃度六〇％とされている。

丸谷議員は食い下がった。「現場で聞くと、ほとんどの死体が寝たままのような状態で焼け落ちた所にあった。じりじりと焼けてくるまで寝ている人はいませんよ、せめて這い出したりなんかします」と指摘した。「こうした火災における化学物質のもたらす惨禍の大きさについて、もっと国が声を大にして警告すべきであるにもかかわらず、消防庁長官の話を聞いても、（なぜ）化学物質によって起こる被害をことさら軽少に発表するんですか」と追及した。

一連の質疑応答から分かるように、警察では一酸化炭素濃度しか調べていない。それを裏付けるように、大東館ホテル火災から二四年後の二〇一〇年、日本法医学会（全国の法医解剖の専門家で構成）が行った「火災に関連した死亡事例の調査」でも、青酸中毒を無視する実態は変わっていなかった。

学会では一酸化炭素濃度と青酸濃度の検査の実施状況を調べた。一酸化炭素の検査は、採取不能を除いて二一五七例で行われ、実施率は九八％とほぼ全例だ。一方、青酸濃度の検査は二九四例で実施率は一三％。法医解剖は殺人など事件性を想定して行われ、厳密性が求められる。それでも八人に一人しか青酸ガス検査をしておらず、検査したと回答した機関の数も全体の約三分の一しかなかった。

▼青酸ガス中毒死と判決

全国の警察で旧態依然の検死が続く中、血中の青酸濃度を死因解明に役立てた警察もある。二〇〇九年三月一九日夜、群馬県渋川市の老人施設「たまゆら」の火災で入所者一〇人が死亡した。身寄りのない高齢者たちが防火設備の不備の犠牲になったとして、大きな社会問題になり、記憶している人も多いだろう。

四年後の二〇一三年一月一八日、前橋地裁で、業務上過失致死に問われた元施設理事長に禁固二年、執行猶予四年の判決が出た。判決文では、火元の男性ら二人の死因が青酸ガス中毒と指摘した。だが、マスコミはこの指摘を報じていない。

判決によると、火元の部屋で死亡した入居者（五五）は、群馬県警科学捜査研究所の血液分析で二酸化炭素濃度は一五％と低かったが、青酸濃度は六・三μg／mℓと致死濃度（三〜五μg／mℓ）を超えていた。男性が寝ていたベッドにはウレタン製防水シーツが敷かれ、これが燃えて青酸ガスを発生したとされた。寝たばこが原因らしい。

近くの部屋で死亡した入居者（七二）も、血中の一酸化炭素濃度三三％に対して青酸濃度が四・三μg／mℓで、外から入った煙による青酸ガス中毒死とされた。

だが、この判決を伝える各マスコミのニュースはおざなりだった。火災発生時には不明だった青酸ガス中毒死の新事実について全く触れなかった。この青酸ガス中毒死をメディアが報じていれば、火災で青酸ガスが発生することが世間や救急医療機関にも広まり、解毒剤を常備する体制になったかもしれない。

▼「捜査上の秘密」

実は、青酸ガスによる火災死は、前述の警察庁の科学警察研究所による実態調査でも確認されていた。「焼死体血液中の一酸化炭素及びシアン濃度と火災事故状況」と題し、一九八八年の『科学警察研究所報』で報告した一〇一例の中に含まれている。

簡略な記載だが、たとえば、「三三歳の男性が化繊じゅうたんの燃焼物で死亡した」事例だ。火傷度は四で、遺体の血液中の一酸化炭素濃度（ＣＯＨｂ）は七六％、シアン濃度は四・八μg／mlと致死濃度を超えていたが、死因は「ＣＯ中毒」と推定されていた。

科警研の一〇一例の調査をまとめたメンバーの一人はその後、青酸ガスの検査の必要性について、「焼死事案では血液試料からシアンの定量を実施するように科警研では全国科警研に指導しており」と論文（二〇〇七年）の中で明記していた。だが、その後も全国の警察では青酸ガスの測定を行っていない。

青酸ガスが無視されるなか、不可解な消防隊員と警官の殉職が起きた。二〇一九年七月五日未明、静岡県吉田町の生活用品メーカー「レック」の工場倉庫で火災が発生、出動した消防士三人と地元警察官の計四人が死亡した。火元の確認のために倉庫に入った消防士と警官が二階に向かった後、連絡が取れなくなった。爆発音がして、無線通信が途絶え、倉庫内で四人が心肺停止で発見された。

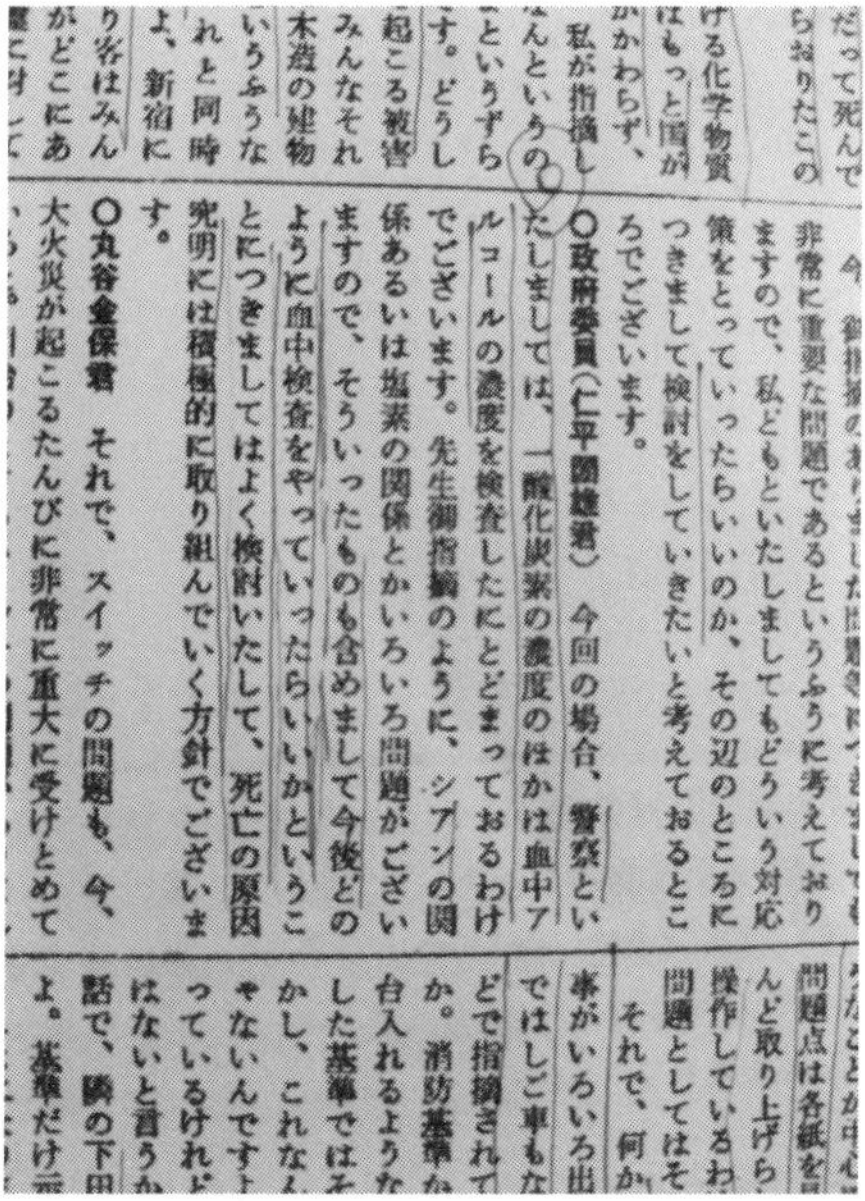
非常に重要な問題であるというふうに考えておりますので、私どもといたしましてもどういう対応策をとっていったらいいのか、その辺のところにつきまして検討をしていきたいと考えておるところでございます。
○政府委員（仁平圀雄君）　今回の場合、警察といたしましては、一酸化炭素の濃度のほかは血中アルコールの濃度を検査したにとどまっておるわけでございます。先生御指摘のように、シアンの関係あるいは塩素の関係とかいろいろ問題がございますので、そういったものも含めまして今後どのように血中検査をやっていったらいいかということにつきましてはよく検討いたして、死亡の原因究明には積極的に取り組んでいく方針でございます。
○丸谷金保君　それで、スイッチの問題も、今、大火災が起こるたんびに非常に重大に受けとめて

国会で、死因究明の不備を指摘され、シアン（青酸）の血中検査で、前向きの答弁をした警察庁刑事局長の発言（第104回国会・参院地方行政委員会議事録）

倉庫内を映したビデオ画像が公開されている。倉庫（七〇〇〇㎡）内をゆっくりと歩く消防士の姿が映り、緊張した様子はない。白い煙が

漂うだけで火は見えない。通路沿いに段ボール箱が積まれ、掃除用スポンジが保管されていた。

「水だけで汚れを落とす魔法のスポンジ」と言われる人気製品で、メラミンスポンジともいわれる。メラミン樹脂は燃えると青酸ガスを大量発生させる。

こうした危険は一般には知られていない。メラミン樹脂（化学式$C_3H_6N_6$）の危険性について、世界保健機関は、ＩＣＳＣ（国際化学物質安全性カード）で、「加熱や燃焼により分解する。シアン化水素（青酸ガス）、窒素酸化物、アンモニアなどの有毒で刺激性のヒューム（粉塵）を生じる」「火災時に刺激性あるいは有毒なヒュームやガスを放出する」と注意をよびかけている。

同社が設置した事故調査委員会の報告書によると、倉庫には、このメラミン樹脂のスポンジが体積換算で二〇二七㎥保管されていた。これだけ大量の樹脂が全焼したとすれば、膨大な青酸ガスが発生していたことは確実だ。

殉職した四人の死因はいずれも「焼死」と発表されており、一酸化炭素中毒で死亡していないことは明らかだ。筆者は静岡県警に対し、四人の血液検査の結果を明らかにしてほしいと情報公開請求を行った。だが、血液中の一酸化炭素濃度も、青酸ガスの検査の有無も、「捜査上の秘密」として回答が拒否された。

静岡県警に限らず、警察は火災の死因の情報をかたくなに隠している。次章で紹介するように、青酸ガスをめぐって半世紀前に学会とウレタン業界の大バトルが起きたが、警察が死因をうやむやにするやり方はいまだに続いている。

第11章

業界ぐるみの青酸ガス隠し

ウレタンが燃えると最初にイソシアネート、次いで、猛毒の青酸ガスが発生する。だが、前章の老人施設「たまゆら」の火災の判決が指摘したように、犠牲者の血液から致死量の青酸が出てもマスコミは無視し、報道を控えた。なぜ、こんな理不尽が続くのか。背景を探ると学会とウレタン製造業界の大論争があった。

▼半世紀前に解剖医が学会発表し業界猛反発

「離れ屋敷で寝ていた叔父夫婦が死んでいる」――一九六八年一月一四日朝、滋賀県守山町の会社員が守山署に届けた。同署が検死したところ、二人（ともに八四歳）は手足の一部に火傷があるほかに外傷がなく、ともに布団をかぶって寝たままだった。火鉢の上にあった暖房用の電熱器が、ふとんの横に落ちて裏向けになっていた。「誤って蹴飛ばしたためか、布団に燃え移ってガスが室内に充満し、一酸化炭素中毒で死亡したとみられる」と、地元の『滋賀日日新聞』が報じていた。

「老夫婦ガス中毒死」の見出しの社会面トップ記事で、その末尾に「二人の遺体は

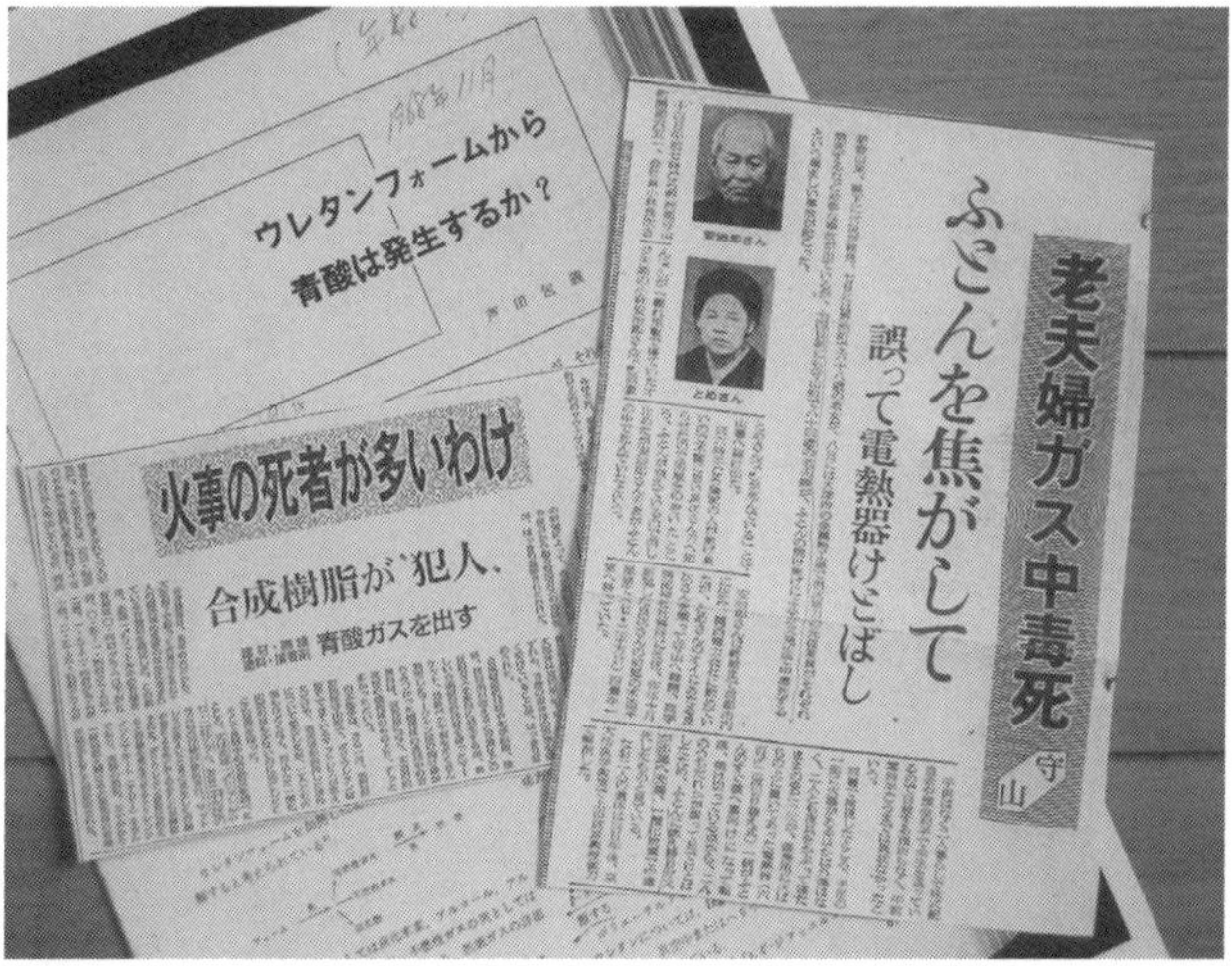

青酸ガス中毒が原因だった老夫婦の火災死。半世紀前の京大の解剖医らの学会発表を紹介した記事に、ウレタン製造業界が猛反論した論文。

京大法医学教室で解剖した」とあった。

もし、この京大法医学教室の解剖がされていなかったら、その後のウレタン製造業界と学会を巻き込んだ「死因をめぐる大論争」は起こらず、「ウレタン火災の青酸ガス発生」は闇に埋もれていたかもしれない。

半年後の一九六八年八月二二日、『朝日新聞』夕刊の社会面に、「火事の死者が多いわけ　合成樹脂が〝犯人〟　建材・繊維・塗料・接着剤　青酸ガスを出す」と大きな記事が掲載された。前日に神戸市の警察会館で第一五回日本法医学会・近畿地方会が開かれ、京大法医学教室の山本啓一医学部助手と大阪大法医学教室の講師がそれぞれ発表した内容をまとめた記事だった。

大阪大講師は、大阪府内で発生した焼死体三〇人の血中青酸濃度を測定した結果、一部に致死量のものがあったことなどを報告した。

京大の山本助手は、「ウレタンフォーム・マットレスの燃焼による青酸中毒死の一例」と題し、守山町の夫婦が青酸ガス中毒だったことを、解剖結果と再現実験の結果を含めて報告した。報告によると、亡くなった二人の血中の一酸化炭素濃度は夫四〇%、妻一三%で、致死量の目安の六〇%を大きく下回っていた。

このため、山本助手は、青酸ガス中毒死の疑いで血液中の青酸濃度を調べた。布団の下に敷いたマットレスが焦げており、青酸ガスの発生が疑われたからだ。夫は七・二μg／mℓ、妻が二三μg／mℓで、それぞれ青酸ガスの致死量の目安を超えた。山本助手は当時の状況を再現し、発泡ウレタンのマットレスを電熱器の上でくすぶらせた。三〇分から一時間ほどで致死濃度の青酸ガスが発生した。

▼ウレタン業界が強く反発

この記事の反響は大きく、ウレタン業界が強く反発した。山本助手の発表以前にも、一九六〇年代から、「ウレタンから有毒な青酸ガスが発生する」という論文が国内外で発表されていた。発泡断熱材やマットレスなどの需要が増えており、ウレタン業界にとって無視できない事態だったのだろう。成り行きが注目されていた折に、「ウレタンのマットレスが焦げて青酸ガス中毒死した」という山本助手の研究発表は、業界にとって無視できない死活問題と受け取られたようだ。

発表から二カ月後、専門誌『工業材料』の一九六八年一一月号で、「ウレタンフォームから青酸は発生するか?」と題し、業界団体「ウレタンフォーム工業会」の技術委員長（芦田包義氏）が論文を発表、山本助手の研究を批判した。同委員長は、新聞記事が出る半年前（一九六八年一月）にも、日本化学会防災科学研究会で、「ウレタンフォームから青酸ガスが発生するとの各種文献は分析法の誤認によるものだ」と批判し、自身の分析法では検出されなかったと主張していた。

山本助手の発表を批判した今回の論文では、自身の燃焼実験のほか、ウレタンフォーム工業会・技術委員会のメンバー三社に依頼した追試の結果も紹介し、「青酸の発生を否定するデータが大部分であって、青酸の発生を確実に証明するに足るデータはない」と主張した。さらに、「仮に百歩を譲り、青酸ガスが出るとしても、その量はとうてい死亡の主原因となるものではない」と記し、青酸ガスで死亡したという山本助手の学会発表は何としても認めない姿勢を見せた。

『朝日新聞』などマスコミの報道についても、「ウレタンフォームからシアンが出ないと言えばニュース価値はないが、出ると言えばニュース価値がある。昨年テレビにおいて、また最近新聞紙上で大々的にシアン発生説が報道されたのはそのためである」と、専門誌らしくない表現で揶揄するくだりもあった。

これでも言い足りないと考えたのか、翌一九六九年二月の日本火災学会誌『火災』で、「ウレタンフォームからの青酸発生説批判」と題し、芦田委員長は山本助手を名指しで批判する論文を発表した。「既往論文の誤り」という項を設け、国内外の青酸ガス発生説について再び批判した。

「大量のウレタンフォーム燃焼ガス分析」と言う項では、青酸ガスが発生しない根拠として、自身の実験結果を示した。「従来の文献は、少量のウレタンフォームの実験で微量分析の誤差も大きいと考えるから」として、今回は「ウレタンマットレス二〜三枚分に相当する三kgのウレタンフォームを熱分解し、発生ガスから青酸ガスの検出を試みたが、どの検出方法でも出なかった」としている。

しかし、同委員長の実験条件を調べると、意図的なのか無自覚なのか、青酸ガスが発生しない温度条件で実験を行っていた。熱分解温度として三〇〇〜三五〇度を選んでいたが、この温度範囲では、ウレタンが熱分解してイソシアネートを発生するだけだ。イソシアネートの分解などで青酸ガスが発生する温度よりも、大幅に低い温度設定だから、どう転んでも青酸ガスが発生するわけがなかった。

山本助手は、電熱器でマットレスが焦げた温度で致死量の青酸ガスが発生したと報告していたのだから、同じ温度条件で実験を行うことが必要だった。

どのくらいの温度でウレタンから青酸ガスが発生するのか。国内外の報告によると、セ氏五〇〇～六〇〇度ぐらいから発生し始めている。たとえば、一九七二年の「日本火災学会論文集」に掲載された守川時生氏（自治省消防研究所）の論文「燃焼、熱分解によるシアン化水素の発生」によると、セ氏五〇〇度ぐらいから青酸ガスが発生し始め、加熱温度の上昇とともに発生量が急増している。

守川氏は、多種多様な実験を行った結果を基に、「青酸ガスの発生は、一般に高温と空気（酸素）不足と言う二つの条件を必要とする。この条件を満足した場合は、多量の青酸ガスが発生して危険な状態に至る可能性が大である。どちらかの条件が欠けた場合は、発生量が大きく落ちるため、危険の度合いはかなり減少する」とまとめている。

住宅やビルの火災は、室内温度がセ氏五〇〇度を超えて一〇〇〇度近い。だから火災でポリウレタンが燃えると青酸ガスが猛烈に発生することは明らかだ。

▼報道への抗議に及び腰になるマスコミ

芦田委員長からの一連の批判に対し、山本助手は、一九六九年の『火災』で、「ウレタンフォームからの青酸発生説批判についての反論」を発表した。さらに一九七一年の『日本法医学雑誌』では、「ポリウレタンフォームが高温にさらされた際に発生するガスの有害性について」（英文）を発表し、自説を補強した。

同助手は詳細な動物実験を行った。守山町の中毒死事故を模擬し、マットレスに使われた発泡ウレタンを電熱器で七氏六五〇～八〇〇度に加熱し、発生したガスを実験室（容積二〇ℓ）に導き、中に入れたネズミ（四匹）に三〇分間吸引させた。加熱する発泡ウレタンの重さを五段階（一～一五g）に変えた。ウレタンの重さが三gの場合、発生ガスの一酸化炭素濃度が三八〇〇ppm、青酸ガス濃度が一〇〇ppmとなった。人間の致死濃度の目安は、一酸化炭素は三〇〇〇ppmで三〇分以内の死亡、青酸ガスは一〇〇ppmで三〇分以内の死亡とされる。三gの場合、ネズミは死ななかったが、重さを五g、一〇g、一五gに増やすと、どの実験でも全匹が死んだ。

青酸ガス単独の致死効果を調べるため、青酸ガスの解毒剤を実験前に投与した群と投与しない群でも実験を行った。解毒剤を投与された群は、一七匹が生存して一五匹が死んだ。投与されなかった群は、八匹が生存、二四匹が死んだ。致死率の差は五倍以上で、発生ガス中の青酸ガスが死因に関与すると結論した。

試験を繰り返して真実を追求した山本助手らの姿勢に対し、芦田委員長らウレタン業界の関係者らは、どんな思いで「反論のための反論」をしたのだろうか。

こうした論争が何年も続き、ウレタンの青酸ガス発生問題はマスコミで取り上げられなくなった。理由の如何を問わず、報道への抗議に及び腰になるマスコミの「羹《あつもの》に懲りて膾《なます》を吹く」体質が突かれた格好だ。いまも、ウレタンによる青酸ガス中毒に関係する記事が報道されることはない。

第12章

国内初の青酸中毒死はタンカー火災

▼内装工事中のタンカー火災で一五人死亡

ウレタン火災による国内初の青酸中毒死は一九六六年に起きていた。だが、この事実は一般に公表されないまま、歴史の闇に埋もれたままだ。

一九六六年二月一六日午前一一時半ごろ、名古屋市港区の石川島播磨重工業の名古屋造船所で、内装仕上げ中のLPG（液化石油ガス）専用タンカー「第二ブリジストン丸」（三万三八〇〇トン）が中央左舷付近から出火した。黒煙を上げて船内が燃え出し、働いていた作業員一五人が死亡した大惨事だった。

船は四月に完成予定で内装工事中だった。溶接作業の火花が、船の外板とLPGタンクの間に詰めたウレタン断熱材に燃え移ったためだ。船内で約二〇〇人が作業中で、二一人がハッチに取り残された。犠牲者は全員下請け作業員だった。

救出された人は「顔中、煤で真っ黒だった」と、当時の記事にある。遺体にはほとんど外傷はなく、火傷も少なかった。解剖の結果、死因はいずれも一酸化炭素中毒で、気管支や肺に大量のススが入っていたと新聞は報じた。追加の記事で「断熱材のウレタンフォームの燃焼で発生した有毒ガスを吸った疑いもあるので、血液の分析検査も行って調べる」とあったが、続報はなかった。

一年半後の一九六七年七月、日本法医学会の総会で、犠牲者たちの司法解剖を行った名古屋大法医学教室の浅野稔氏らが「LPガスタンカー断熱保冷工事中火災による一五名の死亡事故例について」と題して報告した。

当時の学会総会会誌に簡単な記載があるので、一部を紹介する。「燃焼物質の主なものは、ウレタンを成分とするポリウレタンフォーム（発泡ウレタン）で、他にシート、接着剤等である」「一五死体の検案所見としては、火傷のほとんど認められないものから、一ないし三度に至る種々の程度に存すものがある」「いずれも、鼻口腔内に煤が存する。一五名の血中COHb量（一酸化炭素濃度）は一六〜三八％である」。一五人とも致死濃度の六〇％を大きく下回っているので、「一酸化炭素中毒が死因」と当時の新聞が伝えた警察の発表は誤りだったことになる。

一五人のうち四人が解剖され、共通所見として「咽喉頭気管には多量の黒褐色の煤が存し、肺はうっ血水腫が強く、気管支では粘膜の発赤が強い」とある。このあと、青酸ガスが死因に関与していることを示す記載があった。「解剖四死体の血中青酸濃度は四・六γ／cc～二六・二γ／cc（〇・〇四六～〇・二六二μg／mℓ）であった」と。

最近の研究から、血中の青酸濃度が時間経過とともに急速に消滅することが知られており、数時間ごとに半減する。犠牲者たちの解剖の際、血液分析までに一昼夜ほど経っていたから、青酸濃度は一〇分の一未満に激減していたはず。致死濃度か中毒を起こす濃度だったことになる。

浅野氏は、この点について、「微量ながら血中より青酸の検出されたことも注目すべきで、それによる中毒作用も考慮されなければならない」としている。

前章で取り上げた、京大の山本助手らによる老夫婦の青酸中毒死の発表は一九六八年で、このタンカー火災から二年後だった。タンカーの断熱用ウレタンから青酸ガスが発生し、作業員の血液に青酸が含まれていた事実が当時、新聞等で公表されていたらと思う。「ウレタンが燃えても青酸ガスは発生しない」というウレタン業界の猛反論に根拠がなかったことが立証されていたはずだからだ。

▼長崎屋火災でも青酸中毒隠し

上述のような「青酸中毒」隠しには、もっと露骨な例がある。一九九〇年三月に起き、一五人が死亡した長崎屋尼崎店の火災だ。なお、出火原因は放火とみられたが、容疑者を見つけられないままに公訴時効となった。

火災は三月一八日午後零時三〇分頃、兵庫県尼崎市のスーパー長崎屋尼崎店で四階の寝具売り場から発生、猛煙が階段を伝って吹き上げた。五階の食堂に従業員一二人と客（小中学生三人）が取り残された。駆け付けた消防救助隊員が梯子を窓にかけたが、黒煙が猛烈に噴き出し、中に入れなかった。後で、食道の窓ぎわで多くの人が折り重なるように倒れていたのが発見された。

当時の悲惨な様子を新聞記事から紹介する。

——窓から男女各一人が、顔を出して手を振りながら「ここ、ここ、助けて！」と悲鳴を上げている。男性を救出、若い女性に手を差し伸べた時、真っ黒い猛煙が噴き出した。女性は力尽きたのか、そのまま窓の内側に体が崩れ、姿が見えなくなった（『朝日新聞』一九九〇年三月一九日朝刊、社会面から引用）。

この長崎屋尼崎店火災で、犠牲者全員の死因は一酸化炭素中毒死とされ、今もそのままだ。警察の発表をうのみにしたマスコミが報道してきたからだ。

だが、真実は違う。大半の人は青酸ガス中毒死だった。どの遺体も煤まみれで、気道に多量の煤が入っていた。猛煙を吸って亡くなったことは明らかだった。

この食い違いについて、鵜飼卓氏（当時・大阪府立千里救命救急センター副所長）が兵庫医科大法医学教室の協力で、「死者多数を出したビル火災」と題し、学会誌『救急医学』（第一五巻一三号、一九九一年一二月）で詳しく報告している。

鵜飼氏の報告によると、犠牲者一五人のうち一四人が、地元の兵庫医科大法医学教室で司法解剖され、血液中の一酸化炭素濃度（ＣＯＨｂ）と青酸濃度（ＣＮ）が測定された。測定結果は驚くべきものだった。全一四人のうち一〇人の青酸濃度が致死濃度（三μg／mℓ）を超えており、青酸ガス中毒死であることを示していた。一方、一酸化炭素濃度は、犠牲者の大半が五〇％を下回り、致死濃度（六〇％）を超えた犠牲者

放火されたスーパー長崎屋火災の惨事を伝える記事。

はわずか五人で、全一四人の三分の一と少なかった。

冒頭の救出の様子の記事で、救出寸前に猛煙に包まれて窓の内側に崩れ落ちた「若い女性」は余りにも不運だった。ちょうど噴き出した真っ黒い煙の青酸ガスを吸い込み、たちまち行動不能に陥ったのではないだろうか。

この女性はだれだったのか。上述の『救急医学』誌の一八〇〇ページに掲載された一覧表を調べると、該当する若い女性は四人いた。それぞれの濃度は、一九歳女性（一酸化炭素濃度六九・二％、青酸濃度三・二㎍／㎖）、二〇歳

女性（同六五・五、同五・九）、一九歳女性（同六七・三、同四・九）、一六歳女性（同六〇・〇、同三・二）だった。

四人とも、青酸濃度も一酸化炭素濃度も致死濃度を超えており、青酸ガス中毒に一酸化炭素中毒が併合していたことは確かだろう。しかし、猛煙を吸って一瞬のうちに倒れ込むことは、一酸化炭素では起こらず、猛毒の青酸ガスを吸ったときに起きる特徴だ。火災で大量発生した青酸ガスは、煙の中だけでなく、煤（炭素粒子）にも付着している。このため、真っ黒な煙を一口、二口吸いこむと、たちまち行動不能で動けなくなる。その場に倒れると、さらに煙を吸い込み、一酸化炭素も一緒に吸い込み続けてしまう。「双子の毒ガス」（トクシック・ツインズ）と呼ばれるゆえんだ。だから、若い女性の一酸化炭素濃度が致死濃度だったのは、青酸ガス中毒で倒れた後に煙を吸い込み続けたからではないだろうか。

長崎屋火災の死者一五人は当時、大型店火災として、一九七二年の大阪・千日デパートビル火災の一一八人、一九七三年の熊本・大洋デパート火災の一〇四人に次ぐ三番目の惨事だった。犠牲者たちの真の死因はいまも、闇に隠されたままだ。

第13章

着衣着火、焼死ではなく青酸ガス中毒

▼着衣着火で毎年一〇〇人の犠牲

「着衣着火」と言う言葉を知っていますか。毎年、一〇〇人もの人が衣服に焚き火やコンロの火などが着火して死亡している。衣服が、燃えやすい化学繊維などだからだ。欧米では寝具（子供用パジャマやマットレスなど）を対象に防炎規制があるが、日本では、一般家庭でつかう製品の防炎性能の義務付けはない。

二〇二一年一二月二二日午後二時ごろ、栃木県宇都宮市の文星芸術大の構内にある屋外作業場で、同大美術学部三年の女子学生（二一）が、授業課題の立体作品の制作のため、鉄板を切断中、衣服への引火で重いやけどを負った。入院先の病院で治療を受けたが、八日後、蘇生後脳症（低酸素脳症）で死亡した。心肺停止になった患者の心拍が再開しても、約七割の人がこの蘇生後脳症で命を落とすと言われる。大阪のビル放火事件の容疑者らと同じ死因だった。

宇都宮中央署や同大の発表によると、学生は鉄板を電動グラインダーで切断中、火花が着衣に引火した。近くにいた職員が悲鳴を聞いて駆け付けたが、学生は消火中に意識を失ったという。

学生は燃えにくい作業衣や手袋、帽子などを着用していたという。大学側は事故翌日、安全対策調査検討委員会を設置し、事故原因を調べた。同大は、漫画家ちばてつやさんが二〇二二年春まで学長を務めた美術学部のみの私立大。学生が所属する総合造形をふくめ、マンガ、デザインの三つの専攻がある。

学生は、燃えにくいつなぎの作業着やゴーグル、手袋などの注意事項を守っていた。しかし、地元紙が報じた捜査関係者の説明によると、下着にフリースのような燃えやすいインナーを着用していた。作業着の燃焼状況や火傷の状況から、首元から切断の火花が入り、起毛素材のインナーに引火したとみられている。

作業台のそばには消火器や水のバケツはなく、悲鳴を聞いた職員がやかんで水をかけ、学生自らが室内の水道で頭から水をかぶって消火したという。

難燃性の作業着は燃え広がらないだけで、過熱が続くと、一部は燃えて穴が開き、穴から火花が入る可能性もあるという。消防関係者は、消火器具の準備とともに、作業時は作業着のファスナーをすべて閉めておくことが必要と言う。

衣服に火が燃え移って死亡する人は、室内の火災ばかりでなく、野焼きや山焼きでも毎年のように全国各地で起きている。

たとえば、二〇〇九年三月に大分県由布市で野焼きをしていた男女四人が死亡し、翌二〇一〇年三月にも、静岡県御殿場市の陸上自衛隊演習場で野焼き作業中の男性三人が焼死した。

消防庁の統計「火災の実態」によると、着衣着火による死者（二〇一五年から二〇一九年まで五年間）でみると、たき火中の死者が最も多く、次いで炊事中、喫煙中、採暖中などだ。国民生活センターによせられた着衣着火の事故情報（二〇二〇年から二〇二一年）をまとめた統計によると、年代別では六〇歳以上が七割と最も多く、また、女性が六割と男性より多かった。

発生時の行動では、こんろ（調理・湯沸かし）が三三件と最も多く、次いで、焼却・たき火中の二一件、仏壇・墓参り一七件で、ほかにもストーブ、たばこ、溶接作業、スプレー、花火などだ。

着衣着火でも、専門家達だけで隠し持つ事例がある。保険関係の雑誌が火災の専門家を集めた座談会で、国立大名誉教授がエピソードを披露した。椅子に腰掛けた状態で女性が死亡していたが、ストーブの火が着物に着火して有毒ガスを吸って死んだという。服はアクリル繊維（アクリロニトリル）だったから、青酸ガス中毒で死亡したとしか考えられないと説明していた。これが公表されていたら、アクリル繊維の怖さが広まったはずだが、業界への配慮なのだろう、茶飲み話で済まされていた。

▼死者の実態は不明のまま

だが、死因の調査は行われていないのが実態だ。衣服が燃えると、熱による火傷が起こるのは確かだが、今の衣服は化学繊維がほとんどだから、冒頭の学生のように、起毛しているフリースなどの衣服は急激に燃え上がる。表面フラッシュと言って、一〜二秒で燃え上がって全身に広がりやすい。

「三大合成繊維」のアクリル繊維やナイロンは窒素を含む合成高分子だから、燃えると青酸ガスが発生するのは、建物火災と変わらない。むしろ、上半身の衣服が燃えると、発生した青酸ガスを直接吸い込んでしまう。青酸ガスは微量でも吸い込むと、すぐに行動不能となってしまう。けいれんが起き、呼吸困難となり、動けなくなる。その場から逃げることもできず、そのまま青酸ガスなど有毒ガスを浴びて吸い続け、最後には死に至る。

たき火中に衣服に着火し、青酸ガスを吸って死亡した高齢者の死亡例が、二〇二一年の法医学専門誌『ジャーナル・オブ・ホーレンシック・サイエンス』六六巻に掲載された。ルーマニアの研究グループが、たき火をしていた八〇歳の男性の死因を調べるなかで、青酸ガスが死因に関与していたことを確認した。

症例報告によると、男性には運動障害があったが、自宅の庭で野菜くずを焼いていた。目撃者がいないため、犯罪の可能性を含めて死因を調べた。遺体の血液を採取し、一酸化炭素の濃度と青酸ガスのシアン濃度を調べた。一酸化炭素へモグロビン濃度は七三・七％だったが、青酸ガス（シアン化水素）濃度が一・三㎍／㎖あった。予想外のシアン化水素が死因にどう関与するのか調べた。

その結果、ごみの燃焼とあわせ、男性の衣服が青酸ガスの生成に重要な役割を果たした可能性があると指摘する。男性はごみに火をつけた後、衣服に火が着いたとみられ、遺体はたき火の場所から二、三mの場所で見つかった。

青酸ガスの検査のため、血液五ミリリットルを採取し、セ氏四度で保存してから分析した。分析時の濃度は一・三μg／mlで、それ自体が中毒レベルだ。だが、分析結果が出るまでの時間は死亡から二四時間経過していた。青酸ガスの濃度は時間経過とともに急激に減少し、濃度の半減期は数時間とされている。研究グループは、死亡時から分析まで二四時間過ぎていたため、死亡時は、測定値（一・三μg／ml）の数倍から一〇倍前後の十分な致死濃度だったと推定している。

男性は青酸ガスを吸って行動不能となり、動けないまま、ガスを浴び続け、重度の火傷（Ⅲ〜Ⅳ度、火傷は体表の八五〜九〇％）を負ったとみられている。

研究グループのダニエル・タビアン医学博士らは、こうした着衣着火の犠牲者については、青酸ガス中毒死かどうか、常に調べる必要があると指摘している。特に高齢で運動障害などを持つ人は、火災による負傷や死亡のリスクが高いため、死後の血液で青酸濃度を定量的に調べてほしいとしている。

国内でも同様の事例があった。警察庁の科学警察研究所が、一九八八年の科学警察研究所報で、「焼死体血液中の一酸化炭素及びシアン濃度と火災事故状況」の題で報告した一〇一例の中に含まれている。「六九歳の男性が河川敷で枯草焼き中に死亡した」と簡単に説明した事例だ。火傷度は二〜四で、血液中の一酸化炭素濃度は一五％、青酸濃度は一・五μg／mℓだ。死因は「焼死」と推定している。

この調査・報告は、二年前の一九八六年に起きた大東館ホテル火災がきっかけだ。「最近、ホテル火災時における大量死焼死者発生事案を契機として、新建材と呼ばれている高分子材料の燃焼によるシアンガスその他の有毒性ガスの発生が、これらの事故における焼死者の死因に関与しているのではないかと言う指摘がなされた」と調査理由に挙げている。全国から集めた一〇一例の焼死者の血液試料を分析し、種々の検討を行った。結論として「焼死体血液中のシアン（青酸）濃度は燃焼物の材料と関連性が高いことが示唆された」としている。

「ホテル大東館火災」の直後、国会で野党議員が取り上げた指摘の正しさが裏付けられた格好だ。この報告は未発表で、その後も全国の警察では、火災死者の青酸ガスの血中濃度測定を行わず、着衣着火の犠牲者の実態は不明のままだ。

たき火などの火が衣服に燃え移って発生する青酸ガスを吸うと、たちまち動けなくなる。警察も、犠牲者の血中の青酸の有無や濃度を測定するようになれば、世間も、着衣着火の怖さにもっと注意するはずだ。

第14章

住宅用火災報知器は青酸ガス検知不能

▼鳴らない警報機、父娘が中毒死

いつどこで火災に巻き込まれるか分からない。建物火災で逃げ遅れるのは、発生した青酸ガスや一酸化炭素を吸ったため、動けなくなってしまうからだ。こうした火災発生に気づくのが遅れ、避難のタイミングを失うことがある。

なぜ、気づくのが遅れるのか。火災の早期発見に役立てようと住宅用火災警報器（住警器）が普及しているではないかと言う人がいるかもしれない。確かに、新築住宅の設置は二〇〇六年に義務化され、既存住宅も二〇一一年までの設置が義務とされ、二〇二三年六月現在で全国平均の設置率は八四％を超えるまでに普及した。

だが、住宅にこれだけ警報器が普及しても、逃げ遅れて亡くなる人が各地で目立つ。警報器は煙や熱を感知して音声やブザーで警報を発するが、煙感知が遅れたため、ガス中毒死した例が起きている。アパートの他の部屋で発生した有毒ガスが部屋に侵入しても警報器が鳴らなかったのだ。

二〇一五年二月一五日午前一〇時ころ、神戸市東灘区の木造二階建てアパートの二階から出火した。火元の部屋の男性（七四）と隣接の部屋の女性（六九）は逃げて手首に軽いやけどだった。ところが、出火元から二部屋離れた部屋の父親（五三）と長女（三〇）は火災に気づくのが遅れ、逃げ出す様子もなく死亡していた。二人とも体にやけどはなく、一酸化炭素中毒死とされた。

二人の部屋は天井と壁上部を焼いただけだった。部屋の警報器は煙感知式で、台所と居室の二か所に設置されていた。隣室の女性が火元の部屋の火事に気づき、すぐに二人の部屋のドアをたたき、大声で火災を知らせた。玄関わきの小窓から内部をのぞいたら、部屋に煙などの流入はなかったという。小窓から呼び掛けても反応がないので、女性は一一九番をしようと自室に戻ったら、自室の天井と壁の隙間から煙が流入して、その時に自室の警報器が鳴ったという。

昼間の火事で、しかも隣室の住人がすぐに火災を知らせたのに、二人はなぜ避難できなかったのか。不可解な原因を解明するため、神戸市消防局は火災再現実験を行うなど、詳細な調査を行った。調査担当者らは、二人は早い段階で一酸化炭素中毒になり、呼びかけに反応できなかったのではないかと仮説を立てた。

模型建物による火災の再現実験を行い、一酸化炭素濃度の変化と煙の流入の関係を調べた。実験には、十分の一模型と二分の一模型が使われた。各部屋の小屋裏（屋根裏）には仕切り壁が設けられていたが、断熱材の発泡スチロールが火災の熱で溶けて隙間ができた。この隙間から、火元の部屋で発生した煙や熱が、隣室、隣々室の天井裏に流入していた。

この再現実験によって、住宅警報器の警報音の鳴動が遅れたことが明らかになった。部屋の警報器が鳴った時、すでに部屋の一酸化炭素濃度は五〇〇〇ｐｐｍ以上に達していた。一酸化炭素濃度が五〇〇〇ppmだと数分程度で死亡する。室内の濃度がこうなる前に、人は意識障害や運動能力を失うとされている。

この再現実験（十分の一模型）の経過を紹介する。火元の部屋の点火から一三分三〇秒後には部屋の一酸化炭素濃度は一〇〇〇ppmを超え、さらに一三分四八秒後に、火元の部屋でフラッシュオーバー（激しい燃焼）が発生した。すると、二人の部屋の天井板の隙間から、煙が垂れ下がるように流入を始めた。一六分後にはこの部屋の視界は煙の流入で悪化し、部屋の一酸化炭素濃度が五〇〇〇ｐｐｍを超えても、まだ警報器は鳴らなかった。点火から二〇分二五秒後に警報器が鳴った時、室内は煙が充満していた。

▼煙より早く屋根裏からガスが流れ込む

実験結果は、「火元から離れた場所で死者が発生した火災の調査報告」と題し、日本火災学会誌『火災』（六七巻三号、二〇一七年）などで報告された。結論として、火元の火災の煙が小屋裏に溜まると、屋根裏を通じて別の部屋に「煙よりも早く高濃度の一酸化炭素が流れ込む」ことが実験で裏付けられたという。

鳴動が遅れた警報器は、多くの市販警報器のように、ある程度の煙を感知してから鳴る構造だ。煙が部屋に充満してから鳴り出すようでは、危険な濃度の一酸化炭素が煙よりも早く流入しても、部屋の住人は気付くことができない。

実際の火災では、青酸ガスの方が一酸化炭素よりも早く発生することが多くの研究で確認されている。今回の火災では、火元の部屋で大型ソファが燃えていた。再現実験（二分の一模型）でも、ソファの発泡ウレタン三〇キロ余りを燃やしたが、濃度は一酸化炭素しか測定していない。亡くなった二人の血中青酸濃度を警察は調べておらず、二人の死因が本当に一酸化炭素中毒だったかは不明のままだ。

今回の再現実験のおかげで、火災で発生した煙がよく見えなくても、室内の一酸化炭素濃度が危険なレベルまで上昇することが分かった。火災に遭遇したら、煙がわずかに漂う程度でも、無色の青酸ガスや一酸化炭素が高濃度で存在する可能性が高い。煙感知式だと青酸ガスも一酸化炭素も検知できず、警報器が鳴らないからと様子見するのはとても危険だ。新築住宅や既存住宅の火災で、警報器の鳴動が遅れたために逃げ遅れた犠牲者が潜在的にどのくらいいるのか、調べてみる必要があるのではないか。

▼布切れを水で濡らし、鼻と口にあてる

火災で最も恐ろしいのは火よりも煙と言われ、欧米では火災死亡者の八割が煙の有

毒ガスによる「煙死」とされている。出先や自宅で火災に遭遇したら、何よりもまず、煙を吸い込まないよう、姿勢をできるだけ低くして避難する必要がある。青酸ガスや一酸化炭素は空気よりも軽いので、天井付近にたまりやすいし、階段があれば建物の上の階に上っていくからだ。床に近いほどきれいな空気が残っているから、低い姿勢なら、残されたきれいな空気を吸うことができる。

煙が充満している場所は床をはって動くことが勧められている。この際、ハンカチやタオルなど身近な布切れを水でぬらし、鼻と口にあてて避難するとよい。青酸ガスは水溶性だから、濡れた布である程度吸収・除去できるからだ。

上記の脱出方法は湿式マスク方式と言い、世界の消防関係で推奨している。湿式マスクは、通常の乾式マスクとは比較にならないほど優れているという。

この湿式マスクの効果が確かめられた火災がある。二〇〇三年に韓国第三の都市テグの地下鉄で起きた放火火災は一九二人の死者と一四八人の負傷者を出した。この大惨事のなか、車内の乗客のうち生存に成功した一四人は、水に濡らしたハンカチや服などで鼻と口を隠して脱出したという。こうした教訓をもとに、韓国の企業が開発したのが「息ハンカチ」で、国内でも「防災ハンカチ」の名で販売されている。このハンカチは、特殊溶液を含んだ七つのフィルターで構成され、火災の青酸ガスなどの有毒ガスから呼吸を守って避難を助けるという。

煙の中では、マスクなどを決して口や鼻から離してはいけない。濃い煙を一息吸うだけでも苦しくなり、青酸ガスが充満した場所では死亡する危険がある。

第15章

建材の有毒ガス分析を怠る建築行政

▼「ザル法」化している建築基準法

火災に関連する法律に建築基準法がある。国民の生命・健康・財産を保護するため、建築物の敷地、設備、構造、用途の最低基準を定めた法律で、一九五〇年に定められた。

この法律が「ザル法」化している。ザルの目のように欠陥があるため、今後も、青酸ガスの犠牲者が増えることはあっても、減ることはない。

この欠陥について紹介したい。

建築基準法は二〇〇〇年、「施行以来五〇年ぶり」という大改正が行われた。それまでの大原則だった「仕様規定」が、規制緩和の流れの中で、「性能規定」化が進められた。「原則禁止」から「原則容認」へと発想の転換がみられ、規制緩和の流れが建築行政にも及んできたのだ。

火災で炎や煙が広がると人々の避難が困難となる。避難を妨げないよう、室内の仕上げ材には、燃えない建材の使用が必要だ。火が建材に燃え移らず、煙や有毒ガスの発生を抑えることができれば、人命と財産を守ることができる。

このため、建築基準法には「内装制限」がある。壁や天井などの仕上げは燃えにくい材料にすることで、火災の拡大や煙の発生を遅らせるのが目的だ。ところが、この内装制限に抜け穴が作られた。この抜け穴の性能試験によって、火災現場では昔よりも煙や有毒ガスの発生が増え、多くの犠牲者が出ているのだ。

燃えにくい材料を使うことを求めながら、具体的な制限は極めて甘い。たとえば、燃えにくい建材（防火材料）として、「不燃材料」「準不燃材料」「難燃材料」の三区分がある。この区分けをする燃焼試験は、火災が発生した場合を想定し、延焼を防いで避難する時間を、性能面から確保することを目的としている。

その中身を見ると、こんな甘い「性能」試験でいいのかと疑問が出てくる。二〇〇〇年の改正をきっかけに、防火材料として、新たに有機材料が一定条件下で使用できるようになった。

改正以前は、プラスチックなどの石油起源の材料は建材として使えなかったのに、

「不燃材料等の防火材料の性能評価試験」に合格すれば、ウレタンなどのプラスチック建材が防火材料として認められることになった。

もともと「不燃材料」は、通常の火災では燃えず、有害な煙やガスを発生しない建築材料の総称だ。たとえばコンクリートやレンガ、かわら、鉄網、ガラス、漆喰だ。こうした昔からの不燃材料は、石油系のプラスチック製の建材に押されて激減し、代わりに増えてきたのがウレタンなどの難燃材料だ。建築基準法の規制緩和を追い風に、化学業界にとって建築分野への販路拡大に成功した格好だ。

これらの建築材料の「性能」試験の中身を見ると、その甘さが一目瞭然だ。「不燃材料」は二〇分以上、「準不燃材料」は一〇分以上、「難燃材料」は五分以上、加熱しても燃え出さなければ、性能試験に合格となる。

▼ウレタンが難燃材料に

一番甘い分類の「難燃材料」にどんな材料が含まれているのか。わずか五分間燃え出さなければ合格となるのだから、軽くて施工しやすい利点を売りにして、多種多様な合成有機原料が建築材料として広まっている。第2章の「多摩ビル火災の全犠牲者に青酸」のように、ウレタンが燃えて倉庫などの大規模火災が各地で起きているが、このウレタンも「難燃材料」として認定され、大手を振ってビルや一般家屋の断熱材として使われている。加熱してから着火まで五分の余裕があるというが、消防などが行った実際の着火試験では、すぐに燃え上がっているのだ。

消防士二人の殉職をきっかけに、札幌市消防局が行った再現試験が大いに参考になる。試験を行った札幌市消防科学研究所の所員らが同研究所報（第五号）に掲載した論文は、「最近の建築物に断熱材として数多く使用されている硬質発泡ウレタンは、自己消火性が認められている」「しかし、零囲気温度がセ氏二〇〇度を超える場合、又は熱が容易に拡散しない場合は、激しい独立燃焼が継続する」とし、発泡ウレタンが建築基準法で「難燃材料」とされることに疑問を呈している。

更に燃焼実験を行い、その様子を紹介している。発泡ウレタン七グラムを簡易点火装置で点火し、その自己燃焼性を観察して分解写真を載せている。〇・六秒後「点火器具を近づけるとすぐに着火し、発煙した」、四・四秒後「試料は着火直後から多量の発煙を伴い燃焼した」、一一・八秒後「火炎は最大となり発煙量も増加した」とある。さらに、三一・六秒後「試料は立ち消えするものの、発煙は継続した」とある。「この試料の燃焼は表面が熱により分解し、可燃性ガスを発生しながら燃焼するものと思料される」と説明している。

さらに、硬質発泡ウレタン三〇一gを模型の箱（〇・七一六㎥）の中（一面が開放状態）で燃焼させると、ウレタンは黄色い煙を放出し、猛烈な勢いで燃焼した。途中で水をかけると、急激な炎の拡大（ファイアボール）を肉眼でも確認できたという。

こうした実験結果をもとに、報告書は「建物内の可燃物は、従来の木質系から、プラスチック系に大幅に転換」し、「(この転換は）衣類から電化製品、新建材等の建築材料に及び、また省エネ対策として断熱材を多く使用するようになり、高気密、高断熱の建物が普及してきている」「このような建築物で火災が発生した場合、多量の煙と有毒ガスが室内に充満することになる」とし、「硬質発泡ウレタンとＡＢＳ樹脂に注目し、燃焼状況、着火実験、煙の発生量、シアン化水素の発生状況、消火実験等を行い、殉職事故に至った特異な燃焼現象の解明を試み、消防活動の困難性が極めて高い火災だったという結論に達した」としている。

▼いい加減な「ガス有害性試験」

難燃性の試験に加え、抜け穴となっているのが有毒ガスの試験方法だ。建築基準法は、内装に用いる防火材料について「避難上有害な煙又はガスを発生しないものであること」（建築基準法施行令第一〇八条の二）と定めている。このため「ガス有害性試験」が定められたが、試験方法が火災の実態にそぐわないのだ。

試験したい建材を二二センチ角にして、酸素が多い環境で加熱して燃焼させ、発生するガスを、試験箱の回転かごに入れたマウスに吸わせ、その行動停止までの時間を評価するやり方だ。行動停止までの時間が基準値（六・八分）と比べて長い場合は合格、短い場合は不合格とする。この基準値は、赤ラワン材を燃やした際のマウスの平均行動停止時間で、新建材を従来の木材と比較している。

この試験法の最大の欠陥は、建築材料からどんな有害ガスが出るのか、分解・燃焼ガスの分析を全くしないことだ。実際の火災では、ウレタンやメラミン樹脂など、窒素を含む多くのプラスチック建材が燃えると、青酸ガスなどの有毒ガスが発生するのに、どのくらい出ているのか、全く無視していることだ。

欧米では、建材から発生するガスの有害性を動物実験で確認する旧来のやり方は廃止した。代わりに、発生ガスそれ自体を分析し、有害性を評価している。

さらに、大きな問題は、この内装制限の対象から、床が外されている。つまり、フローリングやカーペットなどはどんなに燃えやすい材料を使っても構わないというのだ。

床に張られたカーペットは、見た目の豪華さとコストを売り物に、ふかふかの繊維であるアクリルニトリルが使われることが多い。化学式に窒素を含んでいるため、燃えると青酸ガスを大量に放出する。「大阪のビル放火」事件でも、二七人が亡くなった現場のクリニックのホームページで、室内の様子が紹介され、白いソファとともに、赤紫色のじゅうたんが敷き詰められていた。各種の風俗店やホテル、飲食店でも豪華なカーペットが敷かれているが、じゅうたんが燃えて発生する煙や青酸ガスを人々が吸いこむと、たちまち気を失ってしまう。

抜け穴はまだある。建材の「内装制限」には、家具やインテリアは規制対象に含まれていない。家具のソファやインテリアのじゅうたん、カーテンなどは、発泡ウレタンなどのプラスチックやアクリル繊維などの化学繊維が使われている。燃えると青酸ガスなど有毒ガスの発生源となることにお構いなしだ。

こんな業界の裏話がある。安全な木造住宅を推進する建築団体の関係者が、ある会合で、外断熱に使われる硬質発泡ウレタンについて、青酸ガス発生の危険と規制の必要性を指摘した。すると、会合の出席者から「家の外から燃えるよりも、部屋の中の家具が燃えた方がもっと危険だ。住人は、外から青酸ガスが来るよりも先に、家具から出る青酸ガスで死んでしまう」と反論されたという。

《窒素を含む合成化学物質が青酸ガスを生じるメカニズム》

注　合成繊維や合成樹脂などの合成化学物質（高分子）は、石油が原料だから、炭素（原子記号C）や水素（同H）を多く含んでいる。この中に窒素（同N）が含まれると、青酸ガス（分子式HCN）に必要な三つの原子がそろうことになる。

通常の温度ではこれらの合成化学物質は安定しているが、火災のような数百度から千度の高熱が加えられると、内部の原子結合が緩んで化学反応が起き、様々な低分子に分解する（熱分解）。もしもHとCとNを組み合わせた分子が生じると、これが青酸ガスとなるが、こうした偶然は滅多に起きない。

これらの化学物質が、たとえばアクリロニトリルのように、分子の中にシアノ基（CN）というグループを含んでいたら、少しの加熱でも、周りの水素（H）と結合して簡単に青酸ガスとなって分離する。じゅうたんなどのアクリル繊維が火事やタバコの火でくすぶっても、青酸ガスを大量発生するのはこのためだ。

また、加熱による化学反応で、これらの合成化学物質からアンモニア（NH_3）が生じる場合がある。このアンモニアが仲介して周りの炭素（C）と結合することで、青酸ガスとなる。実際の火災では、こうした反応のほかにも、種々の組み合わせが繰り返されることで、青酸ガスなどの有毒ガスが発生している。

第2部 隠されたバス事故原因

第1章

同一メーカーのバス事故が各地で相次ぐ

▼ギアがニュートラルで暴走

「曲がりくねった急な坂道を暴走する観光バス。パニック状態の乗客、悲鳴」「運転手が、ブレーキがきかないと叫んでいた」。

この描写を読むと、多くの人は、長野県軽井沢町で二〇一六年一月、一五人死亡、二六人重軽傷者を出したスキーバスの事故のことだと思うかもしれない。

実は、二〇〇二年六月九日に静岡県熱海市の県道の坂道で起きたバス暴走事故の記事（同年六月一〇日付け『朝日新聞静岡版』）だ。大型観光バスの乗客一人が死亡、三二人が重軽傷となったこの事故でも、軽井沢の事故と同様、バスのギアがニュートラルになったまま、暴走した。さらに事故から半年後の二〇〇三年一月二九日にも、熱海市の同じ県道の坂道で大型観光バスが暴走し、四五人が重軽傷を負った。この事故でも、ギアはニュートラルになった状態で暴走していた。

同様のバス暴走事故が各地で起きても、メディアでは報じられず、人々の目から隠

同一メーカーのバスが暴走した事故現場（左から熱海市、九重町、軽井沢町）。

されてきた。どの暴走事故も、同じバスメーカーの車で、同じ電子制御変速システムが採用されていた。なぜ、この奇妙な符合が起きたのか、車両の構造・安全を規制する国土交通省も、刑事責任を追及する警察・検察も、目をつむったまま、いまも「見ざる言わざる聞かざる」の姿勢を続けている。

　大型バスが下り坂でギアがニュートラルとなって暴走・横転する最初の事故は三六年前に起きており、前述の熱海市の事故より一五年も前だった。

この暴走事故の第一号は、一九八七年八月四日午前五時五〇分ごろ、長野県下高井郡山ノ内町平穏の国道二九二号の下り坂のカーブで起きた。地元のバス会社（長野市）のツアーバスで、東京・新宿を前日三日午後一一時に出発。群馬県から長野・志賀高原に入り、新潟・妙高高原に向かう途中だった。バスには乗務員二人と首都圏のグループ客二三人が乗っていた。バスは暴走しながら、道路左側のガードレールを突き破り、約四m下の畑に落ち、さらに一〇mほど暴走して民家の居間に突っ込んだ。ガードレールを突き破った地点の四〇mほど手前から、道路の右側車線にバスのタイヤの跡が残っていた。民家の住人は当時、隣の部屋で寝ていて無事だった。

バスの乗客ら六人、運転手、乗務員の計八人が全身を強く打って重傷、乗客一七人も顔や手足などに軽いけがをし、中野市内の病院に搬送された。

事故原因を調べた長野県警中野署は、バスの変速ギアがニュートラルになっていたことを確認した。ニュートラルではエンジンブレーキが利かないため、バスは坂道で時速一〇〇キロ近くまで加速し続け、制限速度三〇キロの急カーブでブレーキをかけても曲がり切れなかったと見ていた。

静岡県熱海市の県道で二〇〇二年六月と二〇〇三年一月に相次いだ事故の後、またも同様の事故が二〇一三年二月に大分県九重町の観光道路で起きた。軽井沢の事故の三年前に起きたこの事故でも、スキーツアー客を乗せた大型観光バスが下り坂で数百メートルも暴走し、ガードレールを突き破って三m下のJR線路に転落し、乗客四三人と運転手が重軽傷を負った。

紹介した四件の事故はいずれも、軽井沢の事故と同じメーカーのバスで、同じ電子制御変速システム「フィンガーシフト」を採用していた。

軽井沢事故を入れると計五件の同種事故が起きていたのに、また、同様のバス事故が起きた。二〇二二年一〇月一三日午前一一時五〇分頃、静岡県小山町須走の県道・通称「ふじあざみライン」で、大型観光バスが暴走して横転した。乗員乗客三六人のうち、乗客一人が死亡し、二七人が重軽傷を負った。急カーブが続く山道で、事故現場は富士山・須走口五合目から約五キロの下り坂で、右カーブになる手前だった。バスは道路左側ののり面に乗り上げた格好で横転した。

バスの運転手は自動車運転処罰法違反（過失運転致死）の疑いで逮捕され、調べに対し、「ブレーキがきかなかった」と話した。事故現場には、約四〇〇m手前からスリップによるとみられるタイヤ痕が残り、さらに二〇〇m手前からはタイヤ痕が何度も中央線を越えていた。警察では、バスが四〇〇mにわたって制御困難な状態が続いた末に横転したとみているとと報じられた。事故現場の先にはガードレールもなく、落ちればがけ下だった。逮捕された運転手は、とっさに、道路左側の斜面の黒い土に乗り上げてバスを止めようとしたのではないだろうか。この斜面でバスが横転して止まらなかったら、前方のがけから転落してもっと多くの死傷者が出たかもしれない。

被害を最小限に抑えようとするのが職業運転手の習性だとしたら、同様のとっさの行動が、前述の大分県九重町の事故でも見られた。詳細は、第3章「相次ぐ厳罰判決」で紹介する。

▼エンジンブレーキがきかない

静岡県警がバスメーカーと検証した結果、バスの変速ギアはニュートラルだったと確認された。ニュートラルであれば、ギアをシフトダウンして速度を落とすエンジンブレーキは、全く機能しなかったとみられている。

事故当時のバスの速度は約九〇キロで、現場の下り坂の制限速度（時速三〇キロ）の三倍だった。乗客も「速度が上がり、添乗員が、スピードを落としてと、運転手にギア操作を助言していた」「運転手は、ブレーキが効かないんだと答えるのが聞こえた」と証言し、バスが制御の利かない暴走状態だったことを裏付けた。

運転手が「ブレーキがきかなかった」と供述したため、県警は、事故から五日後、国土交通省やメーカーの技術者と合同で、バスの車体を検証した。その結果、ブレーキに焼けた跡が確認されたことから、フットブレーキを使いすぎる操作ミスが原因で、ブレーキの摩擦が弱まり、フットブレーキの利きが悪くなる「フェード現象」が発生した可能性が高いとみていると報じられた。

バスの運転手は逮捕・送検されたが、その後、処分保留で釈放された。各地で繰り返された同様のバス暴走事故では、運転手だけが責任を問われて有罪にされてきた。運転手の運転技能の不足や不注意による暴走事故だったのか、それとも、他の暴走事故の様に電子変速システムの問題で起きたのではないのか。

バスの変速ギアがニュートラルになっていたのなら、低速ギアへのシフトダウンができず、エンジンブレーキを失った状態となる。残るサイドブレーキとフットブレーキに頼って運転手が減速を試みても、長い下り坂ではフェード現象が生じ、ノーブレーキ状態になることは避けられない。こう考えると、今回の事故を運転ミスや技能不足と言う批判は、見直す必要がある。

国土交通省は、今回の静岡県小山町の暴走事故を受けて、事故の翌日、観光バスの安全確保の徹底を求める通知を全国の事業者に出した。日本バス協会を通じ、「下り坂でフットブレーキを頻繁に使うと、急に利かなくなることがある」として、「エンジンブレーキを活用する」ことなどを求める通知も出した。

事故から二日後の記者会見で、国土交通省の斎藤大臣は「速やかに事実確認と原因究明を進め、悲惨な事故が二度と起きないよう万全の対策を講じたい」と述べたという。事故のたびに出る役所らしい決まり文句としか言いようがない。

次章「フェイルセーフ欠如のシステム」で、バスの電子制御変速システムの欠陥を詳しく説明する。こうした暴走を繰り返す「欠陥バス」を国交省がリコールさせ、フェイルセーフ機能を組み込んだギアシステムに取り換えさせれば、「ブレーキがきかない」と運転手が絶叫する暴走事故はなくなり、多くの犠牲が出なくなるに違いない。

第2章

フェイルセーフ欠如のシステム

▼変速ギアがニュートラルに切り替わる

これまでに紹介したどの暴走事故でも、運転手が低速ギアに変速しようと試みて失敗していた。バスが一定速度を超えると変速ギアがニュートラルに切り替わる仕組みのためだ。この後、バスは下り坂で加速するばかりで、「ギアが入らない、ブレーキがきかない」と運転手が叫ぶのを乗客らは聞いていた。

なぜ、暴走バスのギアはどれも、ニュートラルに切り替わったのか。この変速ギアは、一九八三年に三菱自動車(現・三菱ふそう)が、大型バスの運転手の疲労防止対策で世界に先駆けて開発した技術だ。大型バスは全長が一二メートルもあり、正面の運転席から車体後部のエンジンの変速機まで距離が遠い。従来の中小型バスのように、床下の長い金属棒でシフトレバーと変速機を直結する「機械式変速システム」では重すぎて、運転手がシフトレバーを動かすのに強い力が必要だった。観光バスなど長距離バスの運転手の疲労軽減に役立ったのが、この「電子制御変速システム」だ。システムのコンピュー

フェイルセーフが欠如した変速システム「フィンガーシフト」。右側のレバーを倒すと、ギアの位置がニュートラル（N）に変わって暴走を始めた。

ターが運転席のシフトレバーの位置を電気信号に変えて変速機に伝えるだけでなく、変速機のギアの歯車も、人力でなく、圧縮空気で動かす。運転手が握るシフトレバーは、単なるスイッチとなり、指先で軽く動くので、この新システムは「フィンガーシフト」と通称された。

三菱自動車によると、この電子システムは、六段変速の各ギアに応じて最大速度を設定している。たとえば、エンジンブレーキが効き始める四速の最大設定速度は車速六五キロ以下で、下り坂に最適の三速は四〇キロ以下の設定だ。だが、バスの速度がこれらの設定速度を超えてしまうと、事態は一変する。

車速を落とすため、運転手が低速ギアに切り替えようとしても、指先で簡単に切り替わるはずのシフトレバーは押しても引いても、一向に切り替わらない。システムのコンピューターが速度超過と判断するためで、シフトレバーの動きは無視され、変速ギアがニュートラルに戻ってしまう仕組みだからだ。

この変速システムが最悪の事態を招くのは、長い下り坂を走るうちにバスの速度が上がる場合だ。運転手がエンジンブレーキを効かせようと、低速ギアにシフトダウンを試みても、コンピューターが応じず、自動的にギアをニュートラルに切り替えてしまう。下り坂だとバスは減速どころか、加速して暴走する。

三菱側は、こうした暴走事故が起きると、そのたびに、「コンピューターが設定速度と比べ、過回転（オーバーラン）になってエンジンが壊れるのを防ぐため」と説明した。さらに、こうした変速ミスを防ぐため、「坂道に入る前にフットブレーキで減速させてから、ギアチェンジをしてほしい」と呼び掛けた。暴走事故が起きても、現地の警察も検察も、三菱側の言い分をそっくり受け入れてきた。

一方、旧来の大型バスや中小型バスは、シフトレバーと変速機が金属棒で直結しているので、速度が出すぎても、運転手がシフトレバーを無理に動かせば、低速にシフトダウンができる。この機械式シフトに慣れたバスやトラックの運転手が、電子システムの大型バスに乗ると戸惑うのは避けられない。前述の九重町のバス暴走事故の運転手の場合も、事故の四カ月前に大型観光バスの運転を始める以前は、長距離トラックの運転手だった。電子システムに不慣れな運転手たちによるバス暴走事故の問題点は、すでに三〇年以上前に報告されていた。

▼ニュートラルは人命よりエンジンを優先

三菱の「フィンガーシフト」による国内最初の事故は、前章でも紹介したように、一九八七年八月四日に長野県の国道二九二号で起きた。大型観光バスが暴走し、二五人が負傷した。当時は、この最新式のフィンガーシフトを搭載した大型バスは珍しかった。ベテラン運転手がなぜ暴走事故を起こしたのか、不可解な事故の原因について、地元の長野県警は丹念に捜査した。この事故原因と問題点は、六年後の一九九三年六月、交通事故関係の専門家が参加する学会「日本交通科学協議会」の総会で報告された。

報告した長野県警・科学捜査研究所の川上明氏（元長野県工科短大教授）は、各種の暴走事故の原因調査に携わった交通事故調査の専門家だ。「最新の大型観光バスの走行ギヤチェンジミスによる暴走」と題し、この事故を説明した。

大型観光バスは、山間の長い下り坂を下っていた。運転手は速度を落とすため、いつもやっているように、三速から二速へギアチェンジしようとした。ところが、ギアチェンジが全くできず、バスは加速した。急坂が続いていたから、ますます速度が上がった。運転手はブレーキペダルを踏み続け、最後まで二速へのシフトダウンを試みた。ギアがニュートラルに変わっていることに気づかないでいた。川上氏と一緒に事故を調べた長野県警の元幹部は「バスの時速は最初、四〇キロほどだったが、下り坂で加速し、約一〇〇キロでガードレールに突っ込んだ」と振り返った。

川上氏は、この暴走事故について、「一見、簡単に思われるシフトダウンの難しさと、華やかに見えるエレクトロニクスの不調和を見せつけられた事例だ」「最新のコンピューター制御のギアがニュートラルになることを知らない運転手が多い。ギアチェンジの重要性や難しさについて、ドライビングシミュレーターなどで運転者教育をしてほしい」と、総会で警鐘を鳴らした。

しかし、電子制御変速システムによる運転ミスの危険性が指摘されても、三菱自動車も当時の運輸省（現・国土交通省）も無視した。その後、同様の事故が各地で起きても、電子システムに無知な運転手の人為ミスが原因と片付けてきた。

暴走事故の危険に反応したのが他のバスメーカーだ。大型バスの製造で三菱自動車と競っていた日野自動車は、同じ電子制御変速機能を持つシステム「ＦＦシフト」を考案し、大型観光バスに採用していた。同社のバス部門の元責任者によると、暴走を未然に防ぐため、必ずシフトダウンできる「フェイルセーフ機能」を追加した。

日野のシステムにも、三菱自動車のように、オーバーラン（過回転）によってエンジンが壊れるのを防ぐ「オーバーラン防止」機能が付いている。この機能を緊急時に解除できるように改めたのだ。エンジンの破壊防止よりも、暴走による人身事故の防止が優先された。「誤操作が起きても安全の側に」という、システム設計の際に重要なフェイルセーフ思想を取り入れた訳だ。この緊急解除の中身を確かめるため、日野の大型観光バス・セレガの「取扱説明書」（一九九〇年版）を入手した。「シフトダウン時、誤ってエンジンのオーバーランをさせるような変速をした場合、シフトダウン操作を三秒以上続けてください。緊急と判断し、オーバーラン防止装置が解除されます」と明記している。別の説明書はもっと分かりやすく、「高速走行中に低すぎるギアを入れようとすると、やはりブザーで警告されてギアは入りません」「しかし、ブザーを無視して、そのまま三秒以上シフトレバーを押し込んでいると、強制的にギアが入ります」と説明している。一連のバス暴走事故のように、「下り坂でブレーキが効かなくなったときのために用意されている機能です」とまで説明している。

一九九三年に学会で長野県警の川上氏が指摘した警鐘を、三菱が真摯に受け止め、日野のように、「オーバーラン防止機能」を緊急時に解除する機能をシステムに追加していたら、同様の暴走事故は根絶していたに違いない。この解除機能が不備の多くのバスがいまも、国交省のリコール（無償回収・修理）を受けず、全国を走り回っている。

第3章

相次ぐ厳罰判決

▼人為ミスと決めつける警察・司法、メーカーの責任は不問に

多くの犠牲者が出た場合、刑事責任を求める被害者や遺族の加罰感情が強いことは理解できる。こうした声に応じるように、バス暴走事故で厳しい判決が続いている。事故を招いたバスの欠陥の方は不問とされ、片手落ち状態だ。

二〇二三年六月八日、長野県軽井沢町で二〇一六年一月に起きたスキーツアーバスの事故で、長野地裁は、「事故は予見できなかった」と無罪を主張したバス会社の社長と運行管理者に対し、それぞれ禁固三年と同四年（求刑は四年と五年）の実刑を言い渡した。他のバス暴走事故でも見られなかった実刑判決だった。事故で乗客四一人が全員死傷（死者は大学生一三人と乗員二人）しており、多くの犠牲者が出たことの重大性を考えた異例の判決だったのだろうか。なお、両被告とも判決を不服として、東京高裁に控訴した。

異例の厳しい判決はさらに続いた。三カ月後の二〇二三年九月二六日、静岡地裁沼

津支部は、富士山ろくの静岡県小山町で前年に起きた観光ツアーバス事故の運転手に禁固二年六カ月の実刑判決を言い渡した（求刑は禁固四年六カ月）。

これらの判決は、過去の同様の暴走死傷事故に比べても明らかに重い。

たとえば、二〇〇二年六月の静岡県熱海市の大型観光バス暴走事故で、死者一人と三二人の重軽傷者を出した責任を問われた元運転手は、二〇〇三年一二月一七日の判決公判で、求刑と同じ禁固二年六カ月、執行猶予四年を言い渡された。

半年後の二〇〇三年一月に同じ熱海市内で起きた同様のバス暴走事故でも、元運転手は、添乗員と乗客の計四五人に重軽傷を負わせたとして、二〇〇三年一二月八日、求刑通りの禁固一年六カ月、執行猶予四年の判決を言い渡された。ともに執行猶予で、判決を出したのは、上述の富士山ろく事故と同じ静岡地裁沼津支部だ。

ちなみに、二〇〇二年六月の熱海市の事故では死者一人、重軽傷者三二人が出ており、小山町の事故（死者一人、重軽傷者二八人）とほぼ同じだった。以前は執行猶予だったのに、二〇年後の事故では実刑と、なぜ量刑が大きく変わったのか。

軽井沢事故をきっかけに、判決の厳罰化の流れが起きていることは確実だ。冒頭で紹介したように遺族らの強い加罰感情が背景にあることも確かだろう。たとえば、軽井沢の事故では運転手が死亡したため、刑事責任を問う警察や検察の捜査は難航した。署名集めをした遺族らの要請もあり、残されたバス運行会社の管理責任を追及する捜査が続けられ、ようやく丸五年後の二〇二一年、会社の社長と運行管理者が業務上過失致死傷罪で在宅起訴された。

裁判では、各地で長年繰り返された同一メーカーのバス暴走事故、暴走を招いた電子制御変速システムのニュートラルのギアの問題、他メーカーのバスが緊急時に暴走を防ぐ機能を備えていた事実は不問のまま、バス運行会社や運転手の責任を厳しく問うだけだった。だが、「人為ミスで事故が起きた」と責任を否定し続けたバスメーカーの三菱自動車、電子変速システムの欠陥を見逃してきた行政（国土交通省）には、事故を起こした責任の一端はないのだろうか。

軽井沢事故の裁判では、検察側は二〇二二年一〇月一一日の論告で、被告のバス運行会社社長に対して「運行管理がずさんであると認識しながら指導監督せず、死亡した男性運転手の技量も把握しないまま、職務に従事させた」と指摘した。運行管理者の元社員に対しても、「収益拡大を優先し、点呼や運行指示など運行管理者としての業務を行わず、安全意識が欠如していた」と非難した。この主張に対し、両被告の弁護側は二〇二二年一二月二一日の最終弁論で、「運転手が坂道でブレーキを踏まないような運転をするとは予想できなかった」などと無罪を主張し、全面対決した。

判決では検察側の主張を受け入れ、「運転手の運転技量の不十分さが事故に直結した」と認定した。さらに、両被告の責任について、採用面接で運転手が大型バスを過去五年間運転していないことを認識しており、「技量不足により事故を起こす恐れがあると予見できた」と決めつけた。

この裁判には大きな疑問が残る。二被告に事故の予見があったというのなら、その前提となるバスの暴走がどのように起きたのか。警察と検察は「運転手の運転未熟のため、ギアをニュートラルにしたまま、加速しているのに、フットブレーキを踏むことなく漫然と下り坂を下って行った」ことが事故原因とした。

つまり、運転手は下り坂でブレーキもかけずに暴走事故を起こしたというのだ。この司法の見立ては、プロの運転手の行動としてはあり得ない暴論だ。そもそも、この暴走のきっかけは何だったのか、明らかにしなければならない。

事故が起きた国道一八号線の碓氷バイパスは、県境の峠から事故現場まで約一キロにわたってカーブと下り坂が続いている。県境付近の国道監視カメラの映像では、バスの動きに異常はなく、制限速度五〇キロは守られていた。

ところが、事故現場まで約二五〇m手前の監視カメラでは、状況が一変した。バスは蛇行しながら右側に傾いて対向車線にはみ出し、時速八〇キロほどの高速で走る様子が記録されていた。峠からこの橋に至る途中のどこかで、当初の時速四〇キロから八〇キロに加速したことは確実だ。監視カメラの映像では、バスは後部のブレーキランプを赤く点灯しながら、減速できずに走行し、左側のガードレールに接触した。その後、センターラインをはみ出して対向車線に進入していく様子が映っていた。バスはこの後、緩やかな左カーブでさらに加速したまま、右側のガードレールを突き破り、がけ下に横転した。バスから回収した運行記録計（タコグラフ）の解析から、転落着前の速度は時速九六キロと制限速度の二倍も出ていた。

監視カメラの映像ではブレーキランプが点灯していたのに、なぜ、減速できずに加速し続けたのか、最大の謎は残ったままだ。運転手（当時六五歳）は死亡し、その行動は不明だが、確かな証拠がある。事故車のギアがニュートラルに切り替わっていたからだ。このため、エンジンブレーキは全く機能しなかったはずだ。

いつ、運転手は、ギアがニュートラルになるようなシフトダウンを試みたのか。同様のバス暴走事故の運転手たちは全員生存し、その行動と証言は貴重だ。

▼運転手の緊急行動の是非は問わず、厳罰も

実は、軽井沢の事故と同じスキーツアーバスの事故が三年前に起きており、暴走した道路も似た状況だった。二〇一三年二月一七日夕、大分県九重町の観光道路で、大型観光バスが道路から飛びだし、約三m下のJR久大線の線路に落ちた。女性客と運転手が骨折の重傷を負い、子供を含む四〇人が軽傷だった。

この事故でも、バスのギアがニュートラルに切り替わっていた。事故の直前に運転手が「ギアが入らない」と叫ぶのを乗客が聞いた。「ウーウーという運転手のうめき

声が聞こえ、二、三回、カーブを曲がりながら加速した」と証言した。

後続の乗用車の運転手も、バスがハザードランプを点灯させながら走行しているのを目撃し、「下り坂になると、バスが急に加速した」と証言した。

運転手は事故直前の行動について、警察の供述調書で詳しく説明していた。

「私が時速五〇キロで走行中、下り坂の直線道路の途中でシフトダウンしようと、フットブレーキを踏んでクラッチをニュートラルにした時、ブレーキの蹴り返しが何だか、ゴムマリを踏んだような感覚の違和感を感じ、ブレーキが利かないと思った。そのすぐあと、ギアを三速に入れようとしたが、シフトバー（シフトレバー）がはじかれ、三速に入らなかった」

「私は、ブレーキが利かず、ギアが入らないため、エンジンブレーキも使えないため、運転していたバスがどんどん加速していき、事故になる恐怖を感じたので、ハザードランプをつけ、ブレーキペダルを踏み直したり、何度もシフト操作をして、どうにかギアを入れようとしたが、どうしてもバスが減速することはなかった」「私の運転は、ハンドル操作だけで下り坂のカーブをどうにか曲がっていくような状態でしたが、ブレーキペダルだけはしっかりと踏んでいた。時速七〇キロを少し超えるくらいまでバスは加速して右カーブを抜け、前方にT字路の信号交差点が見えた」。運転手は何とか減速させようと、交差点の手前の擁壁に車体をこすりつけた。だが、「バスは一向に減速せず、道路左側のガードレールなどに車体の左側をぶつけながら、交差点に入っていった」「バスはガードパイプを突き破り、段差のある路外に飛び出して転落した」と供述していた。

この運転手の供述調書は、裁判の刑事記録の一部だ。二〇一四年六月一九日、運転手は禁錮一年六カ月、執行猶予三年（求刑禁錮一年六カ月）の判決を言い渡された。筆者は当時、大分県内の新聞社支局に勤務中で、この判決が確定した後に刑事記録を閲覧できる制度を利用し、大分地検で供述調書などを閲覧した。

バスが下り坂で加速し、ギアがニュートラルに切り替わってから暴走を始めた時、運転手がどのように行動するのか、この供述は貴重だ。同様の暴走事故の記事でも、「ブレーキが利かない」「ギアが入らない」などの運転手の叫び声を聞いた乗客の証言が掲載されているが、これだけ詳しく具体的に運転手の行動を説明した証言はない。

軽井沢の事故でも、この九重町の例と同じ状況が起きていたのではないか。

今回のように、シフトダウンに失敗して暴走事故を起こした運転手たちがどのように行動するのか、興味深い分析結果がある。前章で紹介した長野県警・科学捜査研究所の川上明氏らが一九九三年六月三日の日本交通科学協議会総会で発表した「交通事故から見た運転者教育の問題点」と題した報告の一部だ。

長野県は山間部の道路が多く、ブレーキ（制動装置）に異常が生じて事故になる場合が少なくない。ブレーキ故障や運転操作ミスをきっかけに、坂道で加速して暴走、対向車と激突、カーブを回り切れずに大事故になる場合が多いという。

川上氏は、大型観光バスの暴走事故第一号（一九八七年）を含め、これらの暴走事故の分析から、共通する特徴を見つけた。参考となるので紹介したい。

まず、ブレーキの異常に気付いた運転手は、最初にシフトダウンを試みる場合が多い。しかし、速度を確認する精神的余裕がないため、走行速度に適したギアへのシフトダウンを試みていない。次いで、変速ギアのシフトダウンに失敗して暴走する場合が多い。さらに、ある程度加速してしまった場合、運転手は無秩序にブレーキペダル、サイドブレーキ、シフトバーを操作する。ブレーキによる停止が不可能となると、ハンドル操作で道路を進もうとするという。

こうした暴走の特徴は、前述の九重町などの暴走事故の運転手でも見られた。シフトダウンに失敗してギアが勝手にニュートラルとなる事態に直面すると、運転技量の多寡を問わず、運転手にこうした特徴が起きうることを示している。

ギアがニュートラルに切り替わって加速、暴走が起きた多くの暴走事故の真相は闇に隠されたまま、メーカーと国の責任は不問とされた。一罰百戒とばかりにバス運行会社の被告たちに実刑を課しただけで、犠牲者たちの霊は浮かばれるのだろうか。実は、このバスに運転交代要員で同乗して死亡した男性（当時五七歳）は、熱海市で二〇〇三年一月に起きた暴走事故の運転手だった。ギアがニュートラルになって暴走する恐怖に二度も遭遇した不運は、どうしたら償われるのだろうか。

富士山ろくのバス暴走事故の判決は、運転手の過失として、「観光バスの運転手として多くの命を預かる立場にありながら、基礎的な運転上の注意義務を守らずに事故を起こしていて、過失の責任は重い」と、検察側の主張をそっくり受け入れていた。

つまり、フットブレーキを多用しすぎてフェード現象を招いたため、バスを暴走させたというのだ。だが、下り坂ではフェード現象を起こさないためにエンジンブレーキを使うことは、マイカードライバーでも知っている常識だ。下り坂で、「頼みの綱」となるはずのエンジンブレーキが使えなくなったら、一体どうすればいいのか。ハンドルさばきと手近なフットブレーキを踏み続けるしかないだろう。プロのドライバーが間違えるとは考えられない。

筆者はかつて、現職裁判官から聞いたことがある。「人を裁く立場だから、裁判官は運転免許を持たない」と。検事も裁判官も、交通事故や運転の実態を知ったうえで求刑したり、判決を出したりしているのだろうか。「畳の上の水練」でないことを願うしかない。

終章

悲劇を繰り返さない緊急対策

▼青酸ガス中毒の明記、解毒剤の常備を

「なぜ、妻は、夫は、娘は、息子は、死ななければならなかったのか」。放火事件やバス暴走事故に限らず、突然の肉親の死に、問うても問いきれない思いが多くの人々の心を苦しめている。この本のテーマ「隠された人災」が遺族の疑問にいくばくかでも応えられたらと思う。そして、二度と不条理な事故や事件で死なずに済むよう、筆者なりに考えた緊急対策をまとめた。

青酸ガス中毒を消防統計の死因に

欧米ではいまや、火災死の原因として、一酸化炭素中毒よりも青酸ガス中毒の影響の方が大きいという研究報告が増えている。日本で長年隠されてきた青酸ガス中毒の犠牲者をなくすため、最初にやるべきことは、総務省消防庁の消防統計の死因分類に「青酸ガス中毒」を明記することだ。これまでの消防統計の死因は一酸化炭素中毒・

窒息、火傷、打撲・骨折、その他などである。これまでは、「青酸ガス中毒はどこに入るのか」と聞いても、存在自体を無視し、「その他」ではないかというそっけない回答だった。

青酸ガス中毒死が死因として明記されれば、一般市民の関心が高まるだけでない。火災の青酸ガス発生は、救急医療に携わる救急隊員や救急医の意識改革を促すだけでなく、札幌市で消火活動中に殉職した消防隊員のように、生死にかかわる問題と理解されるからだ。青酸ガスは低温で煤に吸着するため、外国では、残火処理の消防隊員の体に付着する危険性も指摘され、作業後は服を脱いで身体を洗うことを勧めている。火災現場に臨場する警察官も知ってほしい情報だ。

画期的解毒剤の常備を

青酸ガス中毒が火災で発生することが広く認知されるようになれば、一酸化炭素中毒や火傷の治療が中心だった従来の救急医療のやり方も一変せざるをえない。特に、火災現場から救出された患者を救命するため、青酸ガスの画期的解毒剤として欧米で推奨しているヒドロキソコバラミン（製品名シアノキット）を一刻も早く投与する必要がある。

いつ起こるか分からない火災に備え、この解毒剤は医療機関で常備する必要がある。専門家によれば、せめて全国各地の救命救急センターや大学病院に常備すべきで、少なくとも五人分の常備が必要という。京アニ放火事件や大阪ビル放火事件のように、大規模火災が起きて常備分で足りない緊急事態でも、周辺施設と応援し合えるネットワークを作っておけば対応できるだろう。

この解毒剤は薬価が一本九万二〇〇〇円ほどと高価だ。全国の火災犠牲者は年間一〇〇〇人前後だから、全員に投与すれば年間一億円程度を要する。放火など理不尽な死に巻き込まれた犠牲者たちの気持ちを思えば、お金の問題ではないだろう。


有害ガス試験、マウスでなく、生成ガスの成分分析で

火災で発生する青酸ガスが長年隠されてきた背景に、国の怠慢を指摘しなければならない。

建築基準法では、建物の建材（防火材料）が燃え出すまでは、避難を妨げる有害ガスを発生してはならないとしている。例えば、難燃材料は加熱してから五分間、準不燃材料は一〇分間、不燃材料は二〇分間燃え出さなければ、それぞれの防火材料試験で合格とされる。この際、有害ガスもそれぞれ同じ時間だけ発生しなければよいとされている。つまり、多摩ビル火災でも燃えた発泡ウレタン（難燃材料）は五分間を超えれば、青酸ガスが大量発生しても合格という訳だ。

しかも、この有害ガスの規定は、防火材料の建材だけが対象だから、家具やカーペット、インテリアは規制対象でない。これらの製品がくすぶったり燃えたりして青酸ガスなどの有毒ガスを大量発生させても、お構いなしという訳だ。

建築基準法の「避難を妨げるような有害ガスが発生してはならない」と言う前提は今や空文化し、現行の難燃材料の規定時間（五分間）自体も火災の実態に合っていない。この規定はもっと実態に合わせたものに改正すべきだろう。

前述の防火材料試験の矛盾した規定以外にも、建材からの有害ガス発生を規制する「ガス有害性試験」に致命的な抜け穴があり、抜本的改正を求めたい。

日本のようにマウスを使ってガスの有害性を判定するやり方は、欧米では動物愛護の観点からもすでに廃止された。建材を燃焼させて発生する煙（ガス）を化学分析し、青酸ガスや一酸化炭素、塩化水素などの有毒ガスがどのくらい含まれているか、その有害性を判定するやり方だ。日本のやり方は、ガス有害性試験と言いながら、煙を吸わせたマウスの行動時間を調べるだけで、どんな有毒ガスが煙に含まれているのか、全くお構い無しなのだ。

しかも、建材を加熱して燃焼ガスを発生させる加熱装置は、電気ヒーターで建材を加熱する際、空気をたっぷり流し込んで実験している。この方法は、実際の火災現場が密閉空間で酸素不足の不完全燃焼となりやすいのと正反対の実験条件と言える。不完全燃焼で発生が増える一酸化炭素や青酸ガスが果たして、マウスに吸わせる煙の中にどのくらい含まれているのか、大いに疑問だ。

日本独自のマウス実験は直ちに廃止して、欧米並みに、煙の有毒ガス成分をきちんと分析する世界標準の試験方法に改めるべきだ。この改正によって、長年隠されてきた発泡ウレタンやメラミン樹脂などの合成有機材料の青酸ガス発生の実態が明らかになるだろう。また、欧米並みの建材試験によって、有毒ガスを出さない建材が「お墨付き」を得ることができる。設計事務所や工務店がこれらの材料を選ぶことで、安全な住宅を求める市民の需要に応えることができる。

▼欠陥変速システムの回収・修理を

「隠されたバス事故原因」について、まず手を付けるべきことは、いまも全国各地を走っている多くの三菱製大型バスの電子制御変速システム「フィンガーシフト」を改善部品に交換修理することだろう。他メーカーのバスが採用しているように、「オーバーラン（過回転）防止機能」を緊急時に解除するフェイルセーフ機能を追加することだ。エンジンがたとえ壊れても暴走を防ぐため、ギアを必ずシフトダウンできるようにするフェイルセーフ機能は、電子制御変速システムのコンピュータープログラムの一部を変更するだけで可能なはずで、大がかりな改修は不要だろう。

こうしたフィンガーシフトのバスは、一〇～二〇年以上も使い回されている。新車で購入した大手バス会社などから中小バス事業者に、新車なら数千万円もするバスが一〇〇万円以下で引き取られる。二〇一三年二月に大分県九重町で起きた暴走事故も、バスの車歴は二三年、走行距離は一一九万㎞だった。バス会社は「中古バスの情報誌か何かで四〇万円で売りに出しているのを知った。新車であれば三〇〇〇万円くらいするもので、四〇万円の低価格だし、外観等も悪いところがなかったので、お買得と思い購入した。値切って三七万円だった」と説明していた。

こうした高年式バスを含め、全国にどれだけ台数があるのか。国土交通省なら、車検登録台帳から正確な台数が分かる。どのバス会社が何台保有するのか精査し、メーカーの三菱ふそうにリコール（無償回収・修理）を指示すべきだ。

三菱の企業責任は

全国各地で同型バスの暴走が起きていながら、運転手の人為ミスと主張し続けてきた三菱の責任は問われなければならない。

暴走バスの車体の調査・分析は、車の欠陥の可能性を考えれば、独立した検査機関かあるいは他メーカーに依頼すべきだが、どの暴走事故でも、三菱は警察から調査を依頼されていた。事故が全国各地で起きていながら、地元警察は、三菱から一方的な説明を受けて納得させられてきたのが実態だろう。筆者が刑事裁判記録を閲覧した大分県九重町のバス暴走事故でも同様だった。警察からの「捜査関係事項照会書」に対し、三菱の市場情報管理部長が回答していた。「依頼の各部品を調査した結果、ブレーキドラム、ライニングを除いて調査部品に異常が見られなかった」とし、「ブレーキドラム、ライニングは異常な熱履歴が見られ、フェード（現象）による制動力の低下が発生したと考えられる」との調査結果が記され、さらに、「作動確認調査を実施した結果、変速不良（ギアが入らない）の要因となる異常現象、異常部位は確認されなかった」と回答した。バス運転手の「ギアがニュートラルになってエンジンブレーキが利かなかった」という訴えは無視された。他県で同様の暴走事故が起きていたことを知る由もなかったのか、最後は、運転手の人為ミスでフェード現象を招いたのが事故原因として、警察も大分地検も送検・起訴し、大分地裁の判決も運転手の人為ミスと判断した。

暴走事故の全事例は無論、三菱は各地の警察の捜査の動きもつかんでいたのだから、運転手の人為ミスと主張を押し通すことは簡単だっただろう。バス暴走事故の一連の経緯を見ると、似た例がある。二〇〇二年一月に横浜市で起きた三菱製トレーラーの脱輪タイヤによる母子三人死傷事故だ。原因は、タイヤを車軸に固定するハブが破損したため、外れた大型タイヤが母子を直撃した。

三菱は、トレーラーの運行業者による整備不良が原因と主張し続けた。その後の調査で、車両自体に欠陥があることが分かり、三菱は製造物責任を認めて国に届けた。同様のタイヤの脱輪が一九九二年から五〇件以上も起きながら隠されていたことも分かり、三菱の隠ぺい体質とユーザーへの責任転嫁が指摘された。

一連のバス暴走事故で多数の犠牲者が出ており、フィンガーシフトの欠陥を放置してきた三菱の製造物責任は今後、裁判などで問われるかもしれない。

▼火災の青酸ガスやバス事故から命を守るため、簡単にできる対策は

I　青酸ガスが出ない衣料

火災死者の七割が六五歳以上の高齢者という。睡眠中に気付いた時には煙にまかれて

しまったり、衣服にコンロや焚火の火が着く「着衣着火」で動けなくなったり、高齢者の逃げ遅れが年々増えている。衣服に火が着いても、天然繊維の木綿の服なら、石油系の化学繊維のように激しく煙が出たりせず、体が動かなくなる青酸ガスも出ないので比較的安全だ。アクリル繊維やナイロンのような合成繊維の製品は軽くて暖かくても、煙や青酸ガスが大量発生する。高齢者の避難リスクが小さい木綿の衣類を選ぶ方が無難だ。

Ⅱ　青酸ガスの出ない家具・インテリア

家具やインテリアを、青酸ガスが発生するかどうか考えて選択する人はまだ稀だろう。ソファやマットレスの素材は発泡ウレタンが多いし、テーブルや机、システムキッチンなども表面がツルツルした化粧板はメラミン樹脂の場合が多い。いずれも窒素を含んでいるので、燃えると青酸ガスを大量に放出する。タンスや食器棚などの板の部分も、尿素樹脂やメラミン樹脂の接着剤で木片や薄板を固めたパーチクルボードや合板が使われている。これらの接着剤も火事で燃えると、青酸ガスを大量に放出する。

こうした製品の材料にどんな合成樹脂が使われているのか、調べるのに役立つのが「家庭用品品質表示法」という法律だ。一九六〇年代に合成樹脂など天然以外の材料が次々に現れたため、製品にどんな材料を使っているのか、表示が義務付けられた。繊維製品や合成樹脂加工品、電気機械器具、雑貨工業品などの各種製品の材料がタグなどで表示されている。消費者庁のホームページで製品や表示方法を紹介しており、青酸ガスを発生する樹脂の有無を調べるのに役立つ。

Ⅲ　火災現場の空気に注意

東京消防庁の消防科学研究所と九消防署が協力して火災現場で有毒ガスの発生の有無を調査した報告（消防科学研究所報二六号、一九八九年）によると、調査した火災現場の五五％で青酸ガスが検出され、中には致死濃度の現場もあった。火災現場の空気に青酸ガスが含まれている事実は、消火活動の消防隊員だけでなく、火災被害者にとって必須の情報だろう。

避難直後に忘れ物に気づいて取りに戻る「出火後再進入」で命を落とす人が少なくな

い。室内にわずかに煙が漂う程度でも、家具や建材が燻ったり燃えたりして青酸ガスなどが大量発生している可能性が高く、戻って吸い込むとたちまち意識を失い、動けなくなってしまうからだ。命にまさる宝はない。

Ⅳ　バスもシートベルトを

観光バスや長距離バスの乗客となったら、まずシートベルトを締めてほしい。軽井沢スキーバス事故で死傷した大学生のほとんどがシートベルトを締めていなかった。報道によると、死亡した大学生一三人のうち、シートベルトを締めた跡があったのは一人だけで、壁や天井に突っ込んで頭や首を損傷したのが死因だった。うち二人は車外に投げ出されていた。二〇〇八年の道路交通法改正で、観光バスなどの乗客もシートベルトの着用が義務付けられた。だが、実際には守られていないようで、軽井沢の事故でも、シートベルトを締めるように促す車内アナウンスはなかったという。他の暴走事故でも、シートベルトを締めてなかった乗客が車外に投げ出されて死亡していた。

［著者略歴］

松本　健造（まつもと・けんぞう）
　1948年　福岡県生まれ。
　1970年　京都大学工学部化学工学科卒業。
　1973年　京都大大学院修士課程修了。朝日新聞社に入社。
　地方勤務の後、社会部や科学部で取材記者。調査報道によって、1980年代後半に続発したオートマチック車の暴走などの欠陥車問題や、企業が社員に無断で保険加入させて死亡保険金を独占する悪習「団体定期保険」問題などを手がけた。
　2004年4月から地方記者勤務（高崎支局、平塚支局、大牟田支局、日田支局）。

　［主な共著］昭和天皇崩御の前後の世相を描いた『ルポ・自粛、東京の150日』（朝日新聞社）、原発事故から5年目の現地ルポ『チェルノブイリ・汚染大地』（同）、
　著書に『告発・電磁波公害』（緑風出版）など。

隠《かく》された人災《じんさい》
——火災死急増とバス事故の真実

2023年12月5日　初版第1刷発行　定価2200円＋税

著　者　松本健造 ©
発行者　高須次郎
発行所　緑風出版
〒113-0033 東京都文京区本郷2-17-5　ツイン壱岐坂
［電話］03-3812-9420　［FAX］03-3812-7262［郵便振替］00100-9-30776
［E-mail］info@ryokufu.com［URL］http：//www.ryokufu.com/

装　幀　斎藤あかね
制　作　R 企 画　印　刷　中央精版印刷
製　本　中央精版印刷　用　紙　中央精版印刷　E1200

ISBN978-4-8461-2313-0　C0036